CLÍNICA DO TRABALHO

COLEÇÃO "CLÍNICA PSICANALÍTICA"
Títulos publicados

1. Perversão	Flávio Carvalho Ferraz
2. Psicossomática	Rubens Marcelo Volich
3. Emergências Psiquiátricas	Alexandra Sterian
4. Borderline	Mauro Hegenberg
5. Depressão	Daniel Delouya
6. Paranoia	Renata Udler Cromberg
7. Psicopatia	Sidney Kiyoshi Shine
8. Problemáticas da Identidade Sexual	José Carlos Garcia
9. Anomia	Marilucia Melo Meireles
10. Distúrbios do Sono	Nayra Cesaro Penha Ganhito
11. Neurose Traumática	Myriam Uchitel
12. Autismo	Ana Elizabeth Cavalcanti
	Paulina Schmidtbauer Rocha
13. Esquizofrenia	Alexandra Sterian
14. Morte	Maria Elisa Pessoa Labaki
15. Cena Incestuosa	Renata Udler Cromberg
16. Fobia	Aline Camargo Gurfinkel
17. Estresse	Maria Auxiliadora de A. C. Arantes
	Maria José Femenias Vieira
18. Normopatia	Flávio Carvalho Ferraz
19. Hipocondria	Rubens Marcelo Volich
20. Epistemopatia	Daniel Delouya
21. Tatuagem e Marcas Corporais	Ana Costa
22. Corpo	Maria Helena Fernandes
23. Adoção	Gina Khafif Levinzon
24. Transtornos da Excreção	Marcia Porto Ferreira
25. Psicoterapia Breve	Mauro Hegenberg
26. Infertilidade e Reprodução Assistida	Marina Ribeiro
27. Histeria	Silvia Leonor Alonso
	Mario Pablo Fuks
28. Ressentimento	Maria Rita Kehl
29. Demências	Delia Catullo Goldfarb
30. Violência	Maria Laurinda Ribeiro de Souza
31. Clínica da Exclusão	Maria Cristina Poli
32. Disfunções Sexuais	Cassandra Pereira França
33. Tempo e Ato na Perversão	Flávio Carvalho Ferraz
34. Transtornos Alimentares	Maria Helena Fernandes

35. Psicoterapia de Casal	Purificacion Barcia Gomes e Ieda Porchat
36. Consultas Terapêuticas	Maria Ivone Accioly Lins
37. Neurose Obsessiva	Rubia Delorenzo
38. Adolescência	Tiago Corbisier Matheus
39. Complexo de Édipo	Nora B. Susmanscky de Miguelez
40. Trama do Olhar	Edilene Freire de Queiroz
41. Desafios para a Técnica Psicanalítica	José Carlos Garcia
42. Linguagens e Pensamento	Nelson da Silva Junior
43. Término de Análise	Yeda Alcide Saigh
44. Problemas de Linguagem	Maria Laura Wey Märtz
45. Desamparo	Lucianne Sant'Anna de Menezes
46. Transexualismo	Paulo Roberto Ceccarelli
47. Narcisismo e Vínculos	Lucía Barbero Fuks
48. Psicanálise da Família	Belinda Mandelbaum
49. Clínica do Trabalho	Soraya Rodrigues Martins
50. Transtornos de Pânico	Luciana Oliveira dos Santos
51. Escritos Metapsicológicos e Clínicos	Ana Maria Sigal
52. Famílias Monoparentais	Lisette Weissmann
53. Neurose e Não Neurose	Marion Minerbo
54. Amor e Fidelidade	Gisela Haddad
55. Acontecimento e Linguagem	Alcimar Alves de Souza Lima
56. Imitação	Paulo de Carvalho Ribeiro
57. O tempo, a escuta, o feminino	Silvia Leonor Alonso
58. Crise Pseudoepiléptica	Berta Hoffmann Azevedo
59. Violência e Masculinidade	Susana Muszkat
60. Entrevistas Preliminares em Psicanálise	Fernando José Barbosa Rocha
61. Ensaios Psicanalíticos	Flávio Carvalho Ferraz
62. Adicções	Decio Gurfinkel
63. Incestualidade	Sonia Thorstensen
64. Saúde do Trabalhador	Carla Júlia Segre Faiman
65. Transferência e Contratransferência	Marion Minerbo

Coleção Clínica Psicanalítica
Dirigida por Flávio Carvalho Ferraz

CLÍNICA DO TRABALHO

Soraya Rodrigues Martins

© 2009 Casapsi Livraria e Editora Ltda.
É proibida a reprodução total ou parcial desta publicação, para qualquer finalidade,
sem autorização por escrito dos editores.

1ª Edição	2009
1ª Reimpressão	2012
Diretor Geral	Ingo Bernd Güntert
Publisher	Marcio Coelho
Coordenadores Editoriais	Fabio Alves Melo e Luciana Vaz Cameira
Diagramação	Everton Alexandre Cabral
Adaptação Ortográfica	Flavia Okumura Bortolon
Projeto Gráfico da Capa	Yvoty Macambira

Dados Internacionais de Catalogação na Publicação (CIP)
Angélica Ilacqua CRB-8/7057

Martins, Soraya Rodrigues
    Clínica do trabalho / Soraya Rodrigues Martins. - São
Paulo : Casa do Psicólogo, 2012. - (Coleção clínica psicanalítica /
dirigida por Flávio Carvalho Ferraz).

1ª reimpr. da 1ª ed. de 2009.
ISBN 978-85-7396-624-4

1. Psicologia industrial 2. Trabalhadores : saúde 3. Trabalho :
aspectos psicológicos 4. Trabalhadores : doenças I. Título
II. Ferraz, Flávio Carvalho III. Série

12-0113   CDD 158.7

Índices para catálogo sistemático:
1. Psicologia industrial
2. Psicologia do trabalho

Impresso no Brasil
Printed in Brazil

*As opiniões expressas neste livro, bem como seu conteúdo, são de responsabilidade de seus autores,
não necessariamente correspondendo ao ponto de vista da editora.*

Reservados todos os direitos de publicação em língua portuguesa à

Casapsi Livraria e Editora Ltda.
Rua Simão Álvares, 1020
Pinheiros • CEP 05417-020
São Paulo/SP – Brasil
Tel. Fax: (11) 3034-3600
www.casadopsicologo.com.br

Este livro surgiu da tese intitulada *Perversão Social e adoecimento: uma escuta psicanalítica do sofrimento do trabalho*,
realizada pela autora sob a orientação do Prof. Dr. Renato
Mezan para obtenção do título de Doutor junto ao Programa
de Estudos Pós-graduados em Psicologia Clínica – Núcleo de
Método Psicanalítico e Formações da Cultura, na Pontifícia
Universidade Católica de São Paulo (PUC/SP). A pesquisa
foi financiada pelo CNPq-Brasil.

Ao Guilherme

Sumário

Prefácio
Por Renato Mezan 15

Introdução: A marca da escuta do sofrimento no trabalho..........19
    Carolina e a correnteza...19
    Sobre a clínica psicanalítica na contemporaneidade....................32
    Desafios de um fazer 35
    Considerações sobre o método clínico em psicanálise 39
    A escuta psicanalítica...40
    A narrativa da dor em cena...42
    Criação de um espaço *entre* 43

1 - Cultura, subjetividade e perversão social 47
    O trabalho e os destinos do sofrimento.......................................47
    Metamorfoses subjetivas de Fausto...60
    O ideal fomentador e seus efeitos nos processos de subjetivação
    na contemporaneidade 63
    Esclarecimentos adicionais sobre a noção de perversão como
    laço social..66

2 - Fundamentos para uma clínica do trabalho.............................69
    Um pouco de história 69
    Análise psicodinâmica do trabalho...73
    Inteligência prática e o sofrimento criador...................................77

Relações sociais de trabalho 78

Contribuição pessoal...79

Cooperação...80

Desafios da construção de identidade 83

Dinâmica do reconhecimento no trabalho................................84

Uma visão clínica da sublimação...86

O trabalho como operador da saúde 90

Relação prazer-sofrimento, estratégias defensivas e laços sociais.... 92

Por uma clínica do trabalho na atualidade...............................97

Perversão social e a banalização do sofrimento no trabalho..........99

Uso de estratégias defensivas coletivas....................................99

O discurso do Um..102

3 - O GRUPO EN-CENA...105

A escuta de histórias de dor 105

Sobre os destinos do sofrimento 108

Afinal: somos todos iguais?!..112

Movimentos temáticos recorrentes no grupo.........................114

Sobre a banalização do sofrimento no cotidiano de trabalho......120

A experiência do grupo anunciada em sonho 126

4 - ENTRE O CENÁRIO E A TRAMA: O CORPO (EN) CENA 131

A subversão libidinal 133

A metáfora do moinho 134

A tópica da clivagem do inconsciente e os processos de
somatização...145

Somatização simbolizadora 154

Os ideais e seus impasses na cultura somática........................156

CLÍNICA DO TRABALHO 13

5 - (EN) CENA DO TRABALHO: O BRAÇO DE PAU DE ELIZABETH...............159
    La grande odalisque...159
    Mais escutas de histórias de dor...164
    Tempo antes do adoecer...168
    Destinos do sofrimento..170
    Sobre a cena perversa no contexto de trabalho.........................171

6 - (EN) CENA DO TRABALHO: UMA TRAGÉDIA CONTEMPORÂNEA...........181
    Mais e mais escuta de histórias de dor.......................................181
    A história de Maria..182
    Tempo antes do adoecer...187
    Desafios da busca de identidade no teatro do trabalho..............188
    Destinos do sofrimento no trabalho...192
    A travessia do trágico no espaço analítico..................................199
    A revelação..202
    O rompimento..205
    O enfrentamento...208
    A transformação...209
    O espaço analítico e a criação de conhecimento........................212

REFERÊNCIAS BIBLIOGRÁFICAS...215

Prefácio

Por que alguém aceita trabalhar sob circunstâncias que provocam dor física extrema? Mais: por que, quando isso acontece, algumas pessoas negam o que sentem, até o ponto em que o estrago produzido no seu corpo já não pode ser revertido? Essas são as questões das quais parte o livro de Soraya Rodrigues Martins, originalmente uma tese de doutorado que tive o privilégio de orientar no Programa de Estudos Pós-Graduados em Psicologia Clínica da PUC/SP.

A psicanalista catarinense tem duas qualidades essenciais para quem deseja se tornar pesquisador: paciência beneditina, e uma saudável propensão a pensar com sua própria cabeça. A paciência lhe serviu para se embrenhar na literatura psicanalítica, sociológica e filosófica sobre o trabalho; a independência intelectual, para filtrar o que leu em função do que ia descobrindo na escuta clínica. Esta teve como fontes o atendimento em grupo de mulheres portadoras de DORTs em estado avançado, e também o acompanhamento de algumas delas num *setting* psicanalítico.

A tendência dos psicanalistas tem sido interpretar os sintomas desse tipo de patologia quer como conversão histérica, quer como um fenômeno de tipo psicossomático. Mas, objeta

Soraya, isso deixa de lado o fato de que eles se originam na situação muito particular da vida profissional, e portanto são incompreensíveis sem levar em conta este contexto específico, suas normas por vezes desumanas, e suas metas de desempenho, que facilmente se convertem em ideais compartilhados pelo trabalhador.

Essa convicção, que lembra a frase de Charcot que tanto impressionou Freud – *la theórie, c'est bon, mais ça n'empêche pas d'exister*[1] – levou Soraya a buscar autores que lhe permitissem desvendar as funções sociais e psicológicas do trabalho, bem como as espessas camadas de ideologia que o envolvem na sociedade em que vivemos. Hannah Arendt, Norbert Elias e Marshall Berman foram seus guias neste percurso; para o aspecto mais propriamente psíquico, os estudos de Christophe Dejours sobre a psicodinâmica do trabalho lhe forneceram uma sólida base sobre a qual assentar tanto sua compreensão do fenômeno quanto suas estratégias de intervenção terapêutica.

Somos assim apresentados a Marlene, Mônica, Carol, Charlote, Carolina e outras participantes do grupo que frequentava o PMAST[2]. Por meio de "cenas", cujo relato vai de algumas linhas a duas páginas, tomamos conhecimento de suas histórias, e de como a denegação que faziam da dor encontrou eco e respaldo na atitude de "banalização do sofrimento" tão comum nas grandes organizações. Dois casos – o de Elizabeth e o de

---

[1] A teoria é boa, mas não impede (algo) de existir.

[2] Programa de Pesquisa e Intervenção Multiprofissional de Atenção à Saúde do Trabalhador do Hospital Universitário da Universidade Federal de Santa Catarina.

Maria – são discutidos mais extensamente, possibilitando ao leitor acompanhar o processo de tomada de consciência delas quanto a diversos aspectos da sua vida psíquica, inclusive (mas não só) dos relacionados à DORT.

De permeio, Soraya nos brinda com uma excelente apresentação do pensamento de Christophe Dejours, e com suculentos resumos dos textos que lhe servem de referência. A ampla bibliografia ao final do volume é outra contribuição da autora aos que se interessam por este campo de estudos: do "Mal--Estar na Cultura" até artigos publicados há um ou dois anos, ela atesta a seriedade da pesquisa realizada. Nestes tempos em que – a pretexto de não "cansar" o leitor – a superficialidade campeia, não é mérito pequeno: alguns poderão discordar da posição que ela assume quanto ao seu tema, mas jamais afirmar que ignora o *state of the art*.

Peça por peça, assim, a pesquisadora vai assentando o mosaico teórico contra o qual se destaca a sua concepção. Esta situa as DORTs no cruzamento de vários eixos: o funcionamento global da sociedade, as políticas empresariais que favorecem o adoecimento, o "laço social perverso" no qual se deixam capturar certos trabalhadores, e as maneiras singulares – em função da história pessoal e das características da vida psíquica dessas pessoas – pelas quais isso acontece. Questões epistemológicas como a validade do método clínico, ou as diferenças entre corpo fisiológico e corpo libidinal, também são afloradas ao longo da obra.

O resultado é um livro de qualidade excepcional, que faz bela figura na coleção "Clínica Psicanalítica", e com certeza se tornará um instrumento de trabalho não só para psicólogos e psicanalistas, mas também para os médicos, assistentes sociais e outros profissionais que lidam com as DORTs. Quem o ler com atenção terá boas chances de compreender o que deixava tão perplexa uma das pacientes atendidas por Soraya: "O que eu fiz [comigo]? Se soubesse antes [...] mas ninguém vê a correnteza do mar."

Renato Mezan

INTRODUÇÃO
A MARCA DA ESCUTA DO
SOFRIMENTO NO TRABALHO

Hoje lembro de teus rios. Em mim mesmo mergulhada.
Águas que movem moinho nunca são águas passadas.
Eu sou a memória das águas, eu sou a memória das águas.
Roberto Mendes e Jorge Portugal, na voz de Maria Bethânia

Carolina e a correnteza

Carolina – cena 1: [...]. *Eu, sem o meu trabalho, sou meio perdida* [...] *Eu adoro, gosto de desvendar, jogar, descobrir coisas, porque ele [o computador] é rápido. Se a gente for rápida, ele acompanha* [...] *fica pronto na hora, é alucinante. Concluir cada vez mais rápido* [...] *a gente vai indo, não cansa* [...] *somos todos iguais* [...] *Não se pode deixar levar pela correnteza, a gente vai embora, é um jogo.*

Carolina – cena 2: [...] *o médico especialista [ortopedista] disse que a dor era coisa da minha cabeça e me deu tranquilizante e*

antidepressivo. [...] não dá pra desenhar forte, tem que desenhar
fraquinho [...] eu já aprendi que tudo eu tenho que fazer de um
jeito diferente [...] aceitar e admitir isso já é difícil [...] fazer então
[...] mas a dor é implacável [...] O que eu fiz? Se eu soubesse
antes [...] mas ninguém vê a correnteza do mar.

Carolina, 36 anos, casada, mãe de um filho de 6 anos. Após trabalhar por mais de 10 anos como bancária, foi afastada do trabalho com diagnóstico de DORT's – Distúrbios Osteo-musculares Relacionados ao Trabalho[1]. Devido à tendinite, tenossinovite, cisto sinovial (no punho direito) e bursite (no ombro direito), com inchaço, queimação, perda de movimento e perda da força muscular, Carolina sofria de dores crônicas, acompanhadas de depressão. Dentre tantos sintomas no corpo,

---

[1] DORT's – também denominada LER – Lesões por Esforço Repetitivo. Junto à Previdência Social, os DORT's estão entre as patologias definidas a partir de estudos epidemiológicos, em que o trabalho constitui um fator de risco adicional ou contributivo do adoecimento. São características dos estágios de progressão dos DORT's: "Estágio 1: [...] sensação de peso ou desconforto no membro afetado; dor localizada no membro afetado, sem irradiação nítida, geralmente leve e fugaz; piora com a jornada de trabalho; melhora com o repouso; ausência de sinais clínicos; bom prognóstico com tratamento adequado. Estágio 2: [...] dor tolerável, porém mais persistente e intensa; dor mais localizada, com formigamentos e calor; piora com a jornada de trabalho e algumas atividades domésticas; leves distúrbios de sensibilidade; redução da produtividade; prognóstico favorável. Estágio 3: [...] dor persistente, forte e pouco atenuada com repouso; dor com irradiação mais defini-da; redução da força muscular; perda do controle dos movimentos; alterações de sensibilidade; queda acentuada da produtividade ou impossibilidade de executar funções; prognóstico reservado. Estágio 4: [...] dor forte, contínua, irradiada para todo o segmento afetado, por vezes insuportável, que se acentua aos movimentos; perda de força e de sensibilidade; incapacidade para executar tarefas no trabalho e no domicílio; são comuns deformidades e atrofias; prognóstico sombrio". Ver: Camargo, 2001, p. 21.

em Carolina repercute uma sensação intermitente de "água escorrendo a partir do ombro", como se fosse uma correnteza invadindo sua carne. Sentia-se culpada por não ter percebido o que estava acontecendo com ela enquanto trabalhava. Carolina passava os seus dias chorando, tomada por profunda tristeza. E se perguntava: como cheguei a ficar desse jeito...?

Durante minha atividade clínica no consultório, a escuta do sofrimento de Carolina, e de muitas outras pessoas adoecidas pelo trabalho, acabou por me levar a inúmeras questões. Por sua vez, foi essa problemática que me conduziu à atividade de pesquisadora, primeiro no mestrado em psicologia na Universidade Federal de Santa Catarina e, depois, no doutorado na Pontifícia Universidade Católica de São Paulo. Em síntese, a escuta de pessoas portadoras de DORT's, nos últimos quatorze anos de atividade clínica, definiu a minha ação como pesquisadora.

Para além da repercussão do sofrimento, dos afetos e do saber dessas pessoas, suas narrativas tiveram a força de provocar uma reflexão sistemática sobre os processos de subjetivação relacionados ao trabalho[2].

Entre as tantas perguntas que me fiz, e que permaneço fazendo, quero destacar uma que habitualmente provoca

---

[2] As narrativas apresentadas neste texto pertencem, por um lado, a pacientes atendidos individualmente em consultório e foram a sustentação da pesquisa de mestrado. No doutorado, por outro lado, a esses pacientes vieram se somar as narrativas construídas por um grupo em atendimento junto ao PMAST – Programa de Pesquisa e Intervenção Multiprofissional de Atenção à Saúde do Trabalhador, no ambulatório de Saúde do Trabalhador do Hospital Universitário da Universidade Federal de Santa Catarina (HU-UFSC). O grupo foi promovido pelo PSITRB – Laboratório de Psicologia do Trabalho e Ergonomia da UFSC.

controvérsias. Afinal, o que faz uma pessoa atravessar o limite do razoável durante o exercício da sua atividade profissional? O que leva uma pessoa a trabalhar até a exaustão? O que acontece com essa pessoa que parece se esquecer completamente dos seus limites, tornando-se indiferente aos sinais evidentes no seu corpo: dor, dor e mais dor? E, mais ainda: muitas dessas pessoas acabam adoecendo de uma síndrome dolorosa que, em muitos casos, deverá torná-las incapacitadas não apenas para o trabalho, mas inclusive para os atos básicos do seu cotidiano: escovar os dentes, lavar os cabelos, varrer o chão, carregar um pacote, fazer a higiene pessoal, abrir uma porta, dirigir um automóvel, cozinhar, colocar um filho no colo, assinar o próprio nome e muito mais.

A essa síndrome dolorosa e complexa é que se nomeia DORT's. Sua rápida proliferação, tanto nos trabalhadores da indústria quanto nos do setor de serviços, levou a sua classificação como epidemia pela Organização Mundial de Saúde.

Os DORT's podem ser descritos, genericamente, como um conjunto de sintomas ou patologias que atingem o aparelho músculo-esquelético, habitualmente resultando em lesão tecidual. Além disso, vários estudos (Martins, 2002; Mendes, 2007) salientam o desenvolvimento de transtornos psíquicos, associados à produção de DORT's, tais como: ansiedade, angústia, depressão, fadiga mental, tensão laboral, estresse e neuroses do trabalho.

Exatamente por essa situação epidêmica, os DORT's tornaram-se tema para estudos dos mais diversos campos do conhecimento – desde a pesquisa acadêmica em suas várias áreas e níveis até os programas de saúde pública, atravessando o *design* e a produção industrial de móveis e utensílios. Tendo em vista que as ideologias dos paradigmas contemporâneos cada vez mais exigem um corpo saudável (apto) para o trabalho, estamos diante de um paradoxo fenomenal – tanto em sua concepção literal quanto metafórica – de que tal proliferação de doenças relacionadas ao trabalho parece evocar diretamente os processos subjetivos de negação do corpo doente.

A controvérsia apontada anteriormente, aquela que me levou a tantas perguntas, está situada no campo da psicopatologia. Isso significa que, para dar um sentido a tais perguntas, vamos encontrar muitas posições diferentes. Vou repassar brevemente algumas delas. A psicanalista australiana Yolandê Lucire (1986) e a brasileira Maria Celeste de Almeida (1995) classificam os DORT's como um sintoma histérico (conversão) relacionado ao trabalho; desta forma, nesses textos a valorização de lesão é ausente. Outros autores, citados por Magalhães (1998), costumam dizer que casos de DORT's com lesão física são psicossomáticos; por outro lado, segundo eles, não havendo lesão, estamos frente a um caso de conversão histérica.

Mas existe também (como sempre existe), um outro lado nessa controvérsia. Não se pode deixar de apontar aqui, em relação ao diagnóstico dos DORT's, uma experiência fundamental – a experiência dos pacientes! De acordo com a queixa da grande maioria deles, muitos profissionais da saúde – psicólogos, médicos, fisioterapeutas, assistentes sociais – têm uma tendência a perceber seus sintomas ou como manifestação isolada de estresse ou como de "gênese psicológica". Nesta hipótese, como se vê, está contida mais uma vez a "ideia dominante" de somatização e/ou conversão. Essa "ideia" (= ideologia) pode ser observada na situação em que o médico prescreve para Carolina (Cena 2) antidepressivos e tranquilizantes, já que a dor estava "na cabeça dela". Por outro lado, nesse tipo de diagnóstico, não aparece qualquer relação do sofrimento do paciente com o contexto da sua atividade profissional, embora, invariavelmente, os sintomas surjam justamente a partir da configuração de um cenário – como se lê, mais uma vez, na narrativa de Carolina (cena 2).

Em minha pesquisa de mestrado (Martins, 2002), realizada a partir das narrativas de pacientes em consultório, fica demonstrado que essa patologia caracteriza-se por sintomas físicos dolorosos, de difícil diagnóstico, acompanhada de sofrimento e depressão, resultantes de uma história singular da relação do sujeito com a organização do trabalho. Com o adoecimento, a dor associada aos DORT's vai configurando uma condição subjetiva muito específica, associada às formas como a pessoa concebe, percebe e admite a dor em si mesma.

Durante o processo de adoecimento e reconhecimento do sofrimento, a dor do corpo vai assumindo várias faces ou sentidos. À dor, percebida em um primeiro estágio como banal, segue-se a percepção dela como limitante do movimento do corpo, forçando àquele que a sente o reconhecimento do sofrimento. Ainda na pesquisa de mestrado, observamos que os conflitos e comportamentos, nesse processo de adoecimento, não pertencem, apenas, ao domínio da estruturação psíquica do sujeito e de suas reações singulares.

Aquela observação também indicava, claramente, uma articulação entre o sujeito e a organização do trabalho, além das próprias condições do ambiente de trabalho. Mais do que a experiência simbólica pessoal, o paciente traz consigo uma experiência simbólica coletivamente determinada pelo cenário de suas relações. Foi essa linha de pensamento que orientou minha pesquisa de doutorado.

Mas, ainda na pesquisa de mestrado, a discussão e a análise do material teórico-clínico evidenciaram certas posições subjetivas e delimitação de traços identificatórios, que possibilitaram a construção de um quadro de similaridades entre a histeria e os DORT's. O quadro comparativo que se segue deverá permitir a visualização de um delineamento esquemático das relações (conjunções e disjunções) entre a histeria e os DORT's. Entretanto, reiteramos que a primeira finalidade dessa inserção será a de acrescentar subsídios que auxiliem na diferenciação dessas duas manifestações localizadas no corpo, por sua vez concebidas como expressões do sofrimento psíquico no contexto de uma época, respectivamente, final do século XIX e final do século XX.

Quadro 1 – Comparativo das similaridades entre a Histeria e os DORT's

	HISTERIA	DORT's
1. Sintoma histórico	final do século XIX	final do século XX
2. Maior incidência	Mulheres	mulheres
3. Localização dos sintomas	Corpo	Corpo
4. Distúrbios no corpo caracterizados pelo processo de:	CONVERSÃO: • sem lesão orgânica • sintomas podem desaparecer	SOMATIZAÇÃO: • sem lesão orgânica nas fases iniciais • agravamento dos sintomas com comprometimento físico e psíquico progressivo (lesão orgânica)
5. Invisibilidade do sofrimento	• para outro • dor e sofrimento para o doente	• para outro (médico, empresa...) • dor e sofrimento para o doente
6. Suspeita de simulação, podendo ser vista como	..."farsa" pelo outro: família, médico	..."farsa" pelo outro: organização (empresa), médico, colegas, família

Quadro 1 – Continuação

7. História do sintoma	sintoma contém uma história de algo ocorrido na relação com outro	sintoma físico resultante de história de algo ocorrido na relação com o trabalho (outro)
8. Inscrição do sintoma	simbólico	resíduo, no real do corpo, de uma relação, também simbólica, entre o sujeito e o trabalho
9. Etiopatologia	psicogênica	relacional - sobrecarga física e psíquica, envolvendo fatores de risco: ergonômicos, organizacionais, biológicos, psicológicos e sociais
10. Relação que o saber médico vigente na época estabelece entre a doença e a sua predominância em mulheres	século XIX: atribuiu a doença a uma fragilidade biológica (natureza feminina)	século XX: há uma tentativa de atribuir à fragilidade biológica feminina: hormônios, menor tônus muscular

Quadro 1 – Continuação

11. Relação com Ideal ofertado pela cultura	atuação exagerada do ideal feminino vigente	atuação exagerada do ideal de produção, como o aumento do ritmo do trabalho
12. Atitude de perfeccionismo	perfeccionismo na aparência física, moral, intelectual	perfeccionismo no trabalho
13. Atitude sacrificial	em nome de um ideal, para atender ao desejo do outro	em nome do ideal de produção para atender à demanda da organização, chefia, cliente (representante da vontade do Outro)
14. Relação com os limites	não aceita os limites, insatisfação	negação dos limites do corpo
15. Relação com o desejo do Outro	coloca-se como objeto de desejo do outro	faz o que o outro deseja; sacrifica-se pelo desejo do outro
16. Desejo de reconhecimento	pelo Outro - ser visto, mesmo que através do outro	pela organização, chefia, clientes, colegas
17. Desejo de ser ouvido	desejo de falar e ser ouvido (Freud)	desejo de ser ouvido pela: empresa, profissionais de saúde (médicos), perícia

Quadro 1 – Continuação

18. Posição subjetiva na condição de doente	questiona o saber médico, o líder, o mestre	questiona a eficiência do saber médico e a organização de trabalho
19. Posição subjetiva de denúncia e reivindicação	• do limite (castração) do outro: saber médico (impotência) • denuncia a condição feminina e reivindica um saber sobre si	• dos limites do saber das especialidades médicas e da saúde • denuncia o processo produtivo e o modelo de saúde vigente

Os sintomas físicos característicos dos distúrbios osteomusculares em que o trabalho foi um fator de risco adicional ao adoecimento se configuram como um resíduo, no real do corpo. Os DORT's diferenciam-se da conversão e do que habitualmente se entende por fenômeno psicossomático. A manifestação dos DORT's, fruto de uma história do sujeito no trabalho, constitui-se como uma resultante de outro sintoma a ser tratado, que é o modo de relação do sujeito com o trabalho. Dessa relação é que os DORT's se configuram como um indício, pelo seu valor epidêmico e, reiterando, como uma forma de expressão do sofrimento em nossa época.

Por outro lado, apresentando ainda conclusões da pesquisa de mestrado, a análise de aspectos psicodinâmicos do processo de adoecimento evidenciou, no discurso das pacientes, a importância da análise do papel do trabalho na construção do eu e no processo saúde-doença. Da mesma forma, ficaram evidenciadas – além de certas posições subjetivas e traços identificatórios[3] – o uso de estratégias defensivas, individuais e coletivas, no modo de relação com o trabalho.

Essas estratégias pareciam promovidas e sustentadas no sujeito pelo que se denomina "[...] redes de não reconhecimento do sofrimento no trabalho" (Martins, 2002, p. 147), tanto no contexto de trabalho quanto no contexto do sistema de saúde, responsável pelo atendimento às pessoas que adoecem no trabalho. O interesse pela "trama dessas redes" também foi decisivo fator de mobilização durante a pesquisa de doutorado.

Além disso, minha atividade de pesquisadora, sempre em estreita ligação com a atividade clínica – sendo ambas sustentadas pela escuta da experiência viva de cada paciente – marcou de tal forma aquela trajetória, que terminaram por trazer, em analogia a um escrito de Hannah Arendt (2004), "vento ao pensar"[4]. Tal expressão significou deslocar do lugar de sempre as referências da minha formação psicanalítica, levando-as para além do discurso instituído a fim de criar para/em mim um espaço de pensamento renovado. Trata-se de um tempo--lugar diferente daquele onde está localizado habitualmente o diagnóstico de conversão ou de fenômeno psicossomático.

---

[3] Ver Quadro 1, p. 26-29.

[4] Nesse texto, Arendt define a atividade do pensar reflexivo, de forma diferenciada do pensamento cognitivo ou totalitário, com atribuições características da posição socrática, tais como: a perplexidade; a consciência de si e o reforço da comunicabilidade, da pluralidade e da diversidade.

Acontece que essas mulheres traziam consigo mais do que uma experiência simbólica singular a se organizar sobre sua estruturação psíquica. Traziam, além disso, uma experiência igualmente simbólica, determinada coletivamente pelo contexto de suas relações de trabalho.

Escuto as histórias dessas mulheres e elas me contam de uma patologia relacionada ao trabalho, marcada agudamente pela dor e desencadeada por vários distúrbios osteomusculares que vêm, invariavelmente, acompanhados por sofrimento, ansiedade, angústia e depressão. São cenas que narram esses quadros clínicos, resultantes de uma história singular da relação do sujeito com a organização do trabalho, que poucos parecem escutar, vale dizer, poucos procuram dar sentido.

A dor costuma ser motivo de muitas interrogações por todos aqueles preocupados com o sofrimento humano. É a dor, tanto em sua expressão física ou psíquica (sofrimento), que pode levar uma pessoa a procurar ajuda. A importância dos sinais do corpo no discurso analítico é destacada pela psicanalista Joyce McDougall (1983). Ao enfatizar o estatuto do corpo, enquanto objeto para a psique, alerta sobre a ameaça que a perda da capacidade de sentir e representar traz para a integridade psíquica e biológica, ao impossibilitar o sujeito de refletir e agir frente à ameaça de desequilíbrio. O paradoxo, nessa questão, é que o dispositivo analítico só poderá atingir o "eu somático", na medida em que este se fizer representar psiquicamente. Nas palavras de Edilene de Queiroz:

A clínica psicanalítica tem mostrado que em algumas patologias, onde o recalque não se coloca como seu principal mecanismo, o corpo se impõe e marca uma presença que antecede a palavra. Um e outro caso têm exigido de nós um olhar mais atento para o corpo, encarando-o como discurso possível de ser lido enquanto manifestação do Ser. Não se trata de uma linguagem corporal ou linguagem dos gestos e comportamentos; trata-se de observar em que medida o corpo entra no discurso como mostração de algo que carece de significante. (1999, p. 117)

A partir dos resíduos subjacentes ao final da pesquisa de mestrado, as conclusões da análise sobre o material clínico me levaram a pensar que as mobilizações subjetivas relacionadas ao sofrimento psíquico no trabalho e ao processo de adoecimento vão mais além. Tanto individual quanto coletivamente, pretendi, nesse trabalho, compreender e analisar o mal-estar, o gozo fora do limite, a perversão presente na relação entre as pessoas no cenário das relações de trabalho.

Sobre a clínica psicanalítica na contemporaneidade

Nas últimas décadas, a clínica psicanalítica (e psicoterápica) tem atendido pessoas com sofrimentos diferenciados daqueles que constituíram tradicionalmente sua clientela. Esse fato trouxe questões e desafios para o trabalho psicoterapêutico, junto a um esforço para alcançar renovadas compreensão e conceituação dessas psicopatologias. As diversas abordagens teóricas psicanalíticas vêm repensando e reformulando seus conceitos (Mezan, 1998). Fala-se, hoje, em estruturas psíquicas flexíveis e novos sintomas. As formas clínicas da atualidade parecem reinventar novas sintomatologias para a tão antiga e negada experiência humana de sofrimento.

A clínica da atualidade vem se ocupando, entre outras coisas, de sintomas como transtornos alimentares, apatia, toxicomania; compulsão para comprar, para trabalhar, para fazer exercícios físicos; para jogar e para exercer a sexualidade; horror ao envelhecimento, passividade, além dos mais diversos sintomas psicossomáticos, depressões e síndromes do pânico. Sintomas que trazem no corpo diferentes formas de expressão.

No último século, as mudanças que afetaram a organização do trabalho, o gerenciamento e a gestão em nome da máquina de produção capitalista, fizeram surgir constrangimentos nas novas formas de trabalhar. Essas transformações apresentam como resultante o aumento vertiginoso do sofrimento psíquico no trabalho, evidenciado pela precarização das condições e precariedade das relações no trabalho, além dos registros epidemiológicos de inúmeras patologias, que vêm sendo relacionadas ao trabalho. Segundo o Ministério da Saúde do Brasil (2000), são denominadas patologias relacionadas ao trabalho aquelas que têm o trabalho como fator de risco adicional ao adoecimento, determinadas a partir de estudos epidemiológicos e de características interseccionais.

O trabalho, composto de um complexo sistema de relações e motivações intersubjetivas, de acordo com Dejours (1999a), configura-se como um grande palco do sofrimento na contemporaneidade. Por detrás das vitrines do progresso tecnológico e da melhoria da qualidade de vida, surgem as imposições da organização do trabalho: de horário, ritmo, formação, informação, rapidez, produção e adaptação à ideologia dos modelos de gestão empresarial.

Do lado dos trabalhadores, a vivência das exigências permanentes de mercado, a ameaça de exclusão, do desemprego primário e crônico sinalizam a dimensão social e individual mais evidente do sofrimento no trabalho. O cenário social é de enfraquecimento das políticas de bem-estar social. O "clima de ameaça de desemprego" e as práticas de "enxugamento da máquina produtiva" utilizados, tanto no Estado quanto na iniciativa privada, intensificam o processo de precarização do trabalho, as relações de troca descompensatórias e a atitude sacrificial do trabalhador.

Esse estado de coisas certamente traz seus reflexos para a atividade clínica psicanalítica, refinando a escuta profissional para as contradições e os conflitos discutidos primeiro em nosso mestrado e, depois, na pesquisa para o doutorado. A princípio, nossas perguntas referiam-se ao lugar do trabalho na construção da identidade, às consonâncias e dissonâncias na saúde do sujeito, entre outras questões.

Como a psicanálise pode não repetir a si mesma, não se reduzir ao sintoma como uma manifestação neurótica de características exclusivamente "intrassubjetivas"?

Como bem afirmou Freud[5], a civilização se constrói através da proibição, da lei que organiza o social. Nesse pacto social, o sujeito renuncia à busca da satisfação impulsiva sem limites, substituindo-a por satisfações ofertadas pela cultura. Do valor dos substitutos oferecidos aos membros da coletividade depende o sucesso do processo de socialização. Não se pode esquecer que o desejo vai estar sempre presente e se articulando ao fazer humano. A negação da subjetividade articulada ao desejo, nas cidades, nos locais de trabalho, na vida dos cidadãos, constitui, através de seus efeitos (como os DORT's), uma grande ferida narcísica que se manifesta, culturalmente, como um detrito que a presente vida em sociedade tem que dar conta (Martins, 2002).

Desafios de um fazer

Ao psicanalista, cuja formação dirige o olhar para o paciente dentro de uma ordem simbólica e singular, poderá, em um primeiro momento, ser particularmente difícil conceder um valor significativo ao corpo físico (concreto), à situação material, profissional e social do sujeito.

Em geral, esses aspectos são considerados somente ao se reativarem impasses afetivos marcantes na história do paciente. Essa ocorrência poderá propiciar mais um descompasso na vida

---

[5] Entre outras obras de Sigmund Freud, ver: *Mal-estar na civilização.*

do paciente, que, sofrendo de patologias musculoesqueléticas relacionadas ao trabalho, já chega ao consultório marcado por uma sucessão de desencontros. Isso porque, queremos relembrar, os conflitos e vivências nesse tipo de processo de adoecimento não pertencem, exclusivamente, ao domínio da estrutura psíquica e das reações singulares da pessoa, mas, também, à articulação entre o sujeito e a organização do trabalho.

Sua dor é concreta, tanto como são concretas a negação que faz o outro da sua dor e a angústia pela eventual perda do seu lugar profissional. Se acontecer de o psicanalista/psicoterapeuta não contemplar este vínculo em uma perspectiva que transcenda os limites da sua sala de atendimento para abarcar, efetivamente, as circunstâncias socioculturais da vida do paciente, ele experimentará mais um na sua extensa vivência de desencontros.

O campo de estudos das patologias relacionadas ao trabalho, assim como outros sintomas da atualidade, coloca um desafio para a psicanálise e para o psicanalista, um desafio que é próprio do *princípio da realidade* descrito por Freud, isto é, da adaptação do aparelho psíquico às imposições e restrições da realidade externa, a "realidade social"[6], enfim, às imposições do real. Como afirmava Freud (1930): "Nenhuma outra técnica

---

[6] A psicanálise tem contribuído na área do trabalho através de sua teoria e de sua técnica, para formulações metodológicas que vêm permitindo o desenvolvimento de pesquisas com descobertas valiosas para o campo da psicopatologia do trabalho. Esse campo coloca, ao mesmo tempo, um desafio para a psicanálise, que seria a reavaliação da realidade social na configuração da psicopatologia. Ver Edith Selligmann-Silva, *Desgaste mental no trabalho dominado*.

para conduta da vida prende o indivíduo tão firmemente à realidade quanto a ênfase concedida ao trabalho, pois este, pelo menos, lhe fornece um lugar seguro numa parte da realidade, na comunidade humana" (p. 99).

A atuação clínica no mundo contemporâneo deve suscitar questionamentos e desafios ao fazer psicanalítico. Ao evitar essa demanda do social, inerente a sua prática, a psicanálise (e os psicanalistas) se afastaria de seu ofício primeiro – o ofício da escuta do sofrimento –, passando a integrar sem juízo crítico essa rede de negação e banalização do sofrimento?

Afinal, com as transformações culturais e sociais do último século fica difícil sustentar, na atividade clínica, a compreensão dos processos subjetivos e do adoecimento, sob exclusivo apoio da influência vertical (filhos-pais/pais-filhos). A essa pedra fundamental da psicanálise, é preciso incorporar uma compreensão dos fenômenos de forma horizontal (entre pares), como argumenta Rita Kehl (2000), ao discutir a função fraterna. Nesses termos, trata-se de uma compreensão que contempla, sem constrangimentos, os aspectos sociais e culturais na constituição do sujeito e de suas patologias.

Na confluência e também nas divergências entre os autores apresentados para introduzir o tema de pesquisa, fiz a escuta de pessoas em dois *settings* distintos de atendimento clínico, realizados em meu consultório e em um ambulatório de Saúde do Trabalhador[7].

---

[7] As atividades interdisciplinares do PMAST – Programa Multiprofissional de Atenção à Saúde do Trabalhador – relativas ao atendimento clínico no ambulatório

A partir dessa apresentação, o curso do meu pensamento move-se em entreatos, cujas cenas antecipo desde já:

- Quando as ideias e os valores que tecem seu *habitus*[8] são atravessados por ideologias e discursos totalitários, quais são os efeitos na constituição dos sujeitos?
- Quais processos subjetivos são mobilizados no que foi denominado como "redes de não reconhecimento do sofrimento psíquico no trabalho" (Martins, 2002) e suas implicações?
- E, parafraseando Arendt (2000), "em nome de quê" acontecem as relações entre processos de subjetivação e laços sociais perversos na contemporaneidade?

Nesse percurso, a pesquisa procurou estabelecer conexões e redes de significações entre a casuística clínica e o contexto social na contemporaneidade, especificadamente na "clínica do trabalho", através da escuta psicanalítica de pessoas

---

de Saúde do Trabalhador do Hospital Universitário da Universidade Federal de Santa Catarina (HU-UFSC) tiveram início em maio de 2002, com implementação das fases de diagnóstico e intervenção terapêutica em um grupo de pessoas com diagnóstico médico de patologias musculoesqueléticas relacionadas ao trabalho (DORT's). O PMAST está caracterizado dentro da Clínica do Trabalho e tem como base teórica e metodológica interdisciplinar: psicodinâmica do trabalho, psicologia clínica, psicanálise, psicologia do trabalho, cinesiologia, fisioterapia e ergonomia.

[8] "[...] cada pessoa singular, por mais diferente que seja de todas as demais, tem uma composição específica que compartilha com outros membros da sociedade. [...] A ideia [é] de que o indivíduo porta em si o *habitus* de um grupo e de que seja esse *habitus* o que ele individualiza em maior ou menor grau" (Elias, 1994: 150-1).

portadoras de distúrbios osteomusculares relacionados ao trabalho (DORT's). Sua finalidade está ancorada em compreender as relações entre os processos de subjetivação e os laços sociais perversos, manifestados nas narrativas singulares de pessoas que adoeceram na sua relação com o trabalho.

Considerações sobre o método clínico em psicanálise

A psicanálise desenvolveu o seu método de pesquisa ao tornar a subjetividade instrumento de conhecimento, pela articulação permanente entre teoria e clínica. Nesse processo, o uso de material clínico em pesquisa constitui um dos princípios norteadores do fazer psicanalítico, que se estabeleceu, desde o seu início, como terapia e como método de investigação da psique humana. Na investigação psicanalítica, o diálogo constante entre a teoria e a clínica permitiu ampliar a compreensão psicodinâmica dos processos psíquicos.

O ato de escrever e interrogar a produção clínica constitui uma ferramenta de produção teórica da psicanálise, desde a sua criação. A construção do método clínico de investigação tem procedimentos protocolares precisos, tanto de pesquisa quanto de tratamento. O método procura a articulação dos fragmentos de um discurso em cadeias livres associativas, cujo sentido é conquistado *a posteriori*, retornando ao discurso na forma de pontuações e interpretações.

O sentido é uma construção no espaço *entre*, supõe a existência de um *outro*, pelo qual pessoas constroem os termos a partir dos quais compreendem e lidam com os fenômenos e as situações a sua volta.

A *escuta psicanalítica*

A escuta psicanalítica, para se constituir, não necessita ocorrer necessariamente no enquadre clássico do dispositivo analítico. A psicanálise aborda o sintoma pela palavra, na construção de sentido pela compreensão dos processos inconscientes que o produzem, sendo o desejo considerado a força capaz de motivar o inconsciente.

Relatando um trabalho de intervenção com meninos de rua, Miriam Debieux Rosa (2002) afirma que a escuta psicanalítica neste contexto pode tanto propiciar o andamento da articulação significante, rompendo com identificações imaginárias, como propiciar a elucidação de alguns efeitos subjetivos e intersubjetivos das malhas da dominação dos discursos sociais hegemônicos, já que esses promovem o desamparo discursivo, propiciado pela exclusão e a perda de um discurso de pertinência do sujeito.

Assim é que Eugénia Vilela (2001), ao comentar a condição babélica do mundo contemporâneo, em que todos somos protagonistas e vítimas, discute a difícil tarefa de: como dar visibilidade à voz daqueles que não possuem outra escrita senão a da sua história concreta; como dar sentido, criar significações, dar nome àquilo que é o inominável? A dor concreta do corpo em sofrimento. O corpo como geografia concreta do real, afirma materialmente a memória. Torna-se, assim, essencial pensar os acontecimentos, concebendo a narrativa histórica como um contínuo regresso do Outro, presentificando uma ética do testemunho na qual,

> [...] o ato de testemunhar – enquanto exorcismo da dor (o homem memória) ou enquanto ferida ética infinita (dar testemunho do acontecimento, a sustentação da memória das vítimas como ética) – afirma não só a transgressão dos significados legitimados pelos diferentes regimes de poder, como a resistência desde dentro do acontecimento. E assim criam-se lugares de sentido que são o resgate de uma dignidade impedida de solução desde dentro, a partir da voz que sofreu na materialidade do existir. (Vilela, 2001, p. 251)

Para a autora, a memória constitui-se como um texto de acontecimentos que podem ressignificar e criar o espaço da compreensão. O processo de compreensão, de produção de sentido, implica habitar o espaço *entre*, onde o silêncio e a incomunicabilidade da dor e do sofrimento também se afirmam como uma modalidade de sentido.

A *narrativa da dor em cena*

A dor, o desamparo, a fragilidade narradas pelos pacientes podem ser "conhecidos" mediante as alegorias do sofrimento humano representadas na obra de Lucian Freud[9]. Por inúmeras vezes, presenciei pessoas que, ao se verem frente às reproduções dessas obras, reconheciam, nas telas desse pintor, pessoas de sua convivência portadoras de DORT's.

A visibilidade (do corpo) e a escuta psicanalítica (da fala) do sofrimento dessas mulheres na sua atividade profissional, preciso reiterar, provocaram novos modos de pensamento que apontam para um olhar clínico sobre a relação sujeito – trabalho – processos de adoecimento. Olhar que acabou aproximando-se de outros olhares, convocados um a um como interlocutores deste renovado pensar. Àqueles tradicionalmente presentes na minha formação e estudos em psicanálise, vieram se juntar as ideias de autores, como Christophe Dejours, Marshall Berman (1992), Nobert Elias (1994) e, naturalmente, Hannah Arendt. Para ampliar os sentidos dados ao texto escrito, juntaram-se, então, a pintura de Freud[10] e Ingres[11].

---

[9] Lucian Freud, artista plástico, com mais de oitenta anos, vive atualmente em Nova York.

[10] Lucian Freud nasceu em Berlim em 1922, seu pai era o filho mais novo de Sigmund Freud. Herdeiro e transgressor da tradição iconoclasta renascentista, atualmente é considerado o mais expressivo pintor da figura humana. Lucian Freud celebra na pintura, de forma singular, a vida e a fragilidade de nossa existência na época moderna.

[11] Jean-Auguste-Dominique Ingres, pintor francês (1780-1867), cuja obra *La grande odalisque* (1814) será também motivo de discussão no decorrer deste texto.

Quanto a Lucian Freud em especial, a sua tela *Blond girl, night portrait*[12] emana, com força realista, o sofrimento do ser humano da modernidade em sua condição de desamparo e solidão. À semelhança do seu avô Sigmund Freud, Lucian desvenda em seu trabalho a vulnerabilidade da existência humana com extremo realismo que atrai e enoja, intriga e incomoda. Ainda que de um naturalismo ímpar, sutilmente essa obra associa-se – quando se coloca o pensamento como "vento a pensar" – à ausência de alteridade própria da atividade de reflexão solitária (Arendt, 2004). Uma obra a causar permanente perplexidade, um diálogo solitário entre mim e o outro dentro de mim, mas diferente de mim, e que também sou Eu (dois em um). Lucian Freud traduz, em narrativa pictórica, a completa solidão e o não reconhecimento do sofrimento: basta olhar e ver, como suficiente foi verdadeiramente escutar as histórias dessas mulheres – o "outro em mim" do *setting* analítico.

Criação de um espaço entre

Ao dar visibilidade ao sofrimento psíquico, este estudo pretende criar um espaço de discussão iniciado pelas cenas narradas de mulheres trabalhadoras. A esse espaço caberá a continência da conversação entre essas mulheres, esta autora

---

[12] Entre outros trabalhos desse pintor, esta tela pode ser visualizada em: http://expresspaintings/European_and_British_Art/Lucian_Freud/lucian_freud.htm1.

e os outros autores indicados no curso deste livro, de modo que essa interlocução se estenda, em seu texto final, à ressignificação de seus possíveis leitores.

As cenas narradas foram construídas a partir de fragmentos dos discursos produzidos em sessões analíticas (1992-2005) e no atendimento em grupo (2002-2005) de mulheres portadoras de DORT's. As cenas escolhidas querem oferecer ao leitor a possibilidade de uma abordagem compreensiva sobre esse sofrimento, cuja verdade é dita pelos que fizeram de seu sofrimento e de sua relação com o trabalho uma questão para si mesmos. Essas mulheres, ao se mobilizarem subjetivamente na compreensão de seu processo de adoecimento e de seu sofrimento, acabaram por criar um saber sobre si, constituído a partir de sua reflexão pessoal sobre o contexto de suas relações de trabalho.

Cumpre apontar, a esta altura, que essas mulheres constituem a expressão viva de uma possibilidade real de aprofundamento no conhecimento relativo ao sofrimento psíquico no trabalho, tal como se manifesta no mundo contemporâneo.

No recorte do discurso dessas pacientes (= fragmentos) foram utilizados, como referência básica, os temas de interesse para este estudo, a saber: a compreensão psicodinâmica da patologia dos DORT's; as redes de significação construídas nos dois *settings* clínicos[13]; as relações entre prazer-sofrimento; o uso de processos defensivos, posições subjetivas; os traços

---

[13] Relembrando: o *setting* do consultório e o *setting* do atendimento do grupo do Ambulatório de Saúde do Trabalhador.

identificatórios e os laços sociais, em particular os laços perversos sinalizados na relação de prazer, sofrimento e adoecimento na relação com o trabalho:

- Na singularidade do sujeito (com o seu desejo);
- Na sua relação com o trabalho;
- Na sua inscrição no corpo enquanto sofrimento psíquico.

1.

CULTURA, SUBJETIVIDADE E PERVERSÃO SOCIAL

Amores são águas doces.
Paixões águas salgadas.
Queria que a vida fosse essas águas misturadas.
Memória das águas de Roberto Mendes e Jorge Portugal,
na voz de Maria Bethânia.

O trabalho e os destinos do sofrimento

Ao refletir sobre a condição humana nas primeiras décadas do século XX, Freud (1930) afirma que durante a vida os homens buscam, ao mesmo tempo, por um lado evitar a dor e o desprazer e, por outro, experienciar sensações de prazer. Para ele, seriam três as origens do sofrimento: a fragilidade e a finitude de nossos corpos, a luta pelo domínio da força superior da natureza, o relacionamento entre os homens.

As vivências de sofrimento geradas pelos relacionamentos são aquelas que mais exigem energia das pessoas. Nessas vivências estão incluídos os problemas de adequação às normas que regem as relações sociais no cotidiano – na família e nas demais organizações sociais. Com o intuito de evitar o sofrimento, as pessoas usam dos mais variados meios ao seu alcance. Entre esses, Freud destaca a ingestão de substâncias químicas, o rompimento com a realidade e o deslocamento da libido para outras realizações intelectuais, científicas, artísticas, filosóficas ou religiosas.

Ao considerar o antagonismo irremediável entre as exigências pulsionais e as restrições da vida em comunidade, Freud (1930) afirma que a cultura assume na condição humana "[...] dois objetivos: proteger os homens contra a natureza e o de ajustar os seus relacionamentos mútuos" (p.109), ofertando leis para o refreamento das pulsões e alternativas de deslocamento da libido para a obtenção de satisfações substitutas.

Já em *Totem e tabu* (1913), Freud, ao fazer uma tradução da origem mítica da vida em sociedade, representada pelo assassinato do pai da horda primeva e a constituição das regras para legislar a comunidade de iguais (pai simbólico), acaba por fazer também considerações sobre o papel do trabalho. O trabalho, ao reunir os iguais em uma convivência diária e com um objetivo comum, desempenha uma função integradora e reguladora das relações entre os homens, propiciando seu desenvolvimento. Mais tarde, em *O mal-estar na civilização* (1930), destaca a importância do trabalho para os destinos da economia libidinal. Nenhuma outra técnica para conduta da vida prende o indivíduo tão firmemente à realidade quanto a ênfase concedida ao trabalho, pois este, pelo menos, lhe fornece um lugar seguro numa parte da realidade, na comunidade humana (grupo de pertencimento).

> A possibilidade que esta técnica oferece de deslocar uma grande quantidade de componentes libidinais, sejam eles narcísicos, agressivos ou mesmo eróticos, para o trabalho profissional e para os relacionamentos humanos a ele vinculados, empresta-lhe um valor que de maneira alguma está em segundo plano quanto ao que goza como algo indispensável à preservação e justificação da existência em sociedade. A atividade profissional constitui fonte de satisfação especial [...] por meio da sublimação.

[...] No entanto, como caminho da felicidade, o trabalho não é altamente prezado pelos homens. [...] A grande maioria das pessoas só trabalha sob pressão da necessidade, e essa natural aversão humana ao trabalho suscita problemas sociais extremamente difíceis (1930, p. 99).

Freud destaca, além do papel do trabalho como fonte especial de satisfação – via sublimação –, sua importância no deslocamento de componentes libidinais – narcísicos, agressivos ou eróticos –, bem como na relação do sujeito com a realidade e com o outro e a importância para identidade social (pertencimento de grupo).

Sobre a concepção freudiana da cultura contida nessa passagem, Mezan (1990) considera:

> [...] é somente ao preço dessa parcialidade extraordinária que Freud tem condição de destacar aspectos que permanecem intocados por uma abordagem de tipo marxista, como por exemplo, a função do trabalho, alienado ou não, como foco de polarização dos "componentes eróticos, narcisista e agressivos da libido", ou a vinculação do trabalho como princípio de realidade, enquanto mola essencial da conversão de uma mônada narcisista em um ser humano. De nada vale, a meu ver, escandalizar-se com a parcialidade do ângulo psicanalista, que, ao iluminar determinados elementos, deixa necessariamente na sombra outros, melhor esclarecidos por outras teorias e correntes de pensamento. (p. 505)

Portanto, Mezan nos provoca a considerar o valor da reflexão de Freud, simultaneamente a uma atitude de estudo e pesquisa sobre esse tema que estenda (extrapole) tais considerações para além da psicanálise. Certamente, na contemporaneidade não é mais possível pensar o trabalho dissociado dos conflitos inerentes à organização social.

Seguindo essa orientação, a função do trabalho – tanto no campo erótico quanto no campo social das relações estabelecidas pelo sujeito – tornou-se objeto de estudo evidente, apesar de pouco discutido pela psicanálise. O trabalho desempenha, desde a origem mítica da civilização discutida por Freud (1913), o papel de regulador dos relacionamentos mútuos entre os homens, e igualmente das satisfações pulsionais, servindo conjuntamente a *Ananke* – necessidade – e a *Eros* – libido – (acrescenta-se, hoje, considerando os rumos que vêm tomando nossas organizações sociais, que o trabalho tem servido também a *Thanatos*).

Em nome da estabilidade e da preservação da espécie, o desenvolvimento humano para Freud seria o produto da interação entre o impulso da satisfação egoísta e o impulso de união com os outros na comunidade. Assim, a cultura estabeleceria os ideais e as exigências, incluídas aquelas que regulam as relações entre os seres humanos. Sob diferentes olhares e perspectivas, o trabalho é um conceito complexo, seu sentido e sua prática variam ao longo do tempo e das diferentes sociedades.

Com o intuito, segundo ela mesma, de "pensar o que estamos fazendo" em relação às crises características da modernidade, Arendt (2000), em sua obra *A condição humana*, estende-se em suas reflexões sobre as mais variadas atividades humanas. Arendt distingue três atividades que estão ao alcance de todo o ser humano, como as manifestações mais elementares da *condição humana*: o *labor*, o *trabalho* e a *ação*.

As condições humanas, analisadas por Arendt, falam de "quem somos" e caracterizam estados em potencial das capacidades gerais decorrentes dessa condição que foi dada ao homem e é também criada pelo homem. Por outro lado, nenhuma das condições humanas poderia ser eleita como capaz de definir quem é o homem, já que nenhuma pode condicionar o homem de maneira absoluta em detrimento das demais.

Apesar do uso comum das terminologias – *labor*, *trabalho* e *ação* – como sinônimas, a autora diferencia-as pela maneira como se realizam, pelo espaço que ocupam no mundo (na esfera privada ou na esfera pública), pelo resultado final obtido através da realização das mesmas e pela maneira com que os homens se expressam em cada uma delas. Essas atividades, que fazem parte da *vita activa*, se mostram distintas enquanto manifestações da condição humana, da qual nenhum homem pode escapar.

Arendt, inspirada em Locke, diferencia trabalho/labor em duas atividades distintas: o corpo que labora (atividade voltada para manutenção da vida) e as mãos que trabalham (obra).

O *labor*, associado ao ciclo vital (= biológico) da natureza, designa a atividade do homem enquanto um membro qualquer da espécie voltado para a manutenção da vida e para a sobrevivência da espécie. É uma atividade que não tem começo nem fim, caracterizando um movimento circular que se realiza e persiste de geração a geração. As fadigas e penas de adquirir e os prazeres de incorporar o que é necessário à vida estão intimamente ligados entre si no ciclo biológico, cujo ritmo recorrente condiciona a vida humana. Ao esforço e à dor associados à sobrevivência e à manutenção da vida segue-se o prazer e a felicidade no consumo e na reprodução da espécie. Os produtos do *labor* são os mais necessários e os menos duráveis/mundanos. Nesses processos circulares, vinculados às necessidades vitais, encontra-se a atividade do *animal laborans* – prisioneiro da *privatividade*[1] do próprio corpo, restrito à satisfação de necessidades das quais não pode compartilhar e não pode comunicar inteiramente. A condição humana do *labor* é a própria vida: da sobrevivência e do consumo dos objetos obsolescentes (= descartáveis).

Ao contrário do *labor*, o trabalho é uma atividade associada às mãos (obra), referente aos meios de produção de objetos destinados a ocupar um lugar duradouro no mundo[2]. Apesar de ser uma atividade realizada pelo homem de forma isolada, é um processo com começo e fim determinado, que empresta ao mundo permanência, estabilidade e familiaridade.

O *homo faber* é aquele que produz o artefato humano, isto é, os objetos que, pela sua durabilidade, constroem o mundo como morada do homem, tais como as obras de arte e os objetos de uso. Seus produtos fabricados, pela durabilidade e utilidade, ganham independência em relação aos homens que com eles se relacionam, constituindo o mundo em sua objetividade. Mesmo que a condição do *homo faber* venha a ser a de produzir em isolamento, o destino final dos seus objetos repercute na

---

[1] Na Grécia antiga, *privatividade* significa um estado no qual o homem encontra-se privado de alguma coisa (Arendt, 2000).

[2] O mundo difere da natureza por ser uma construção dos homens e por ser um espaço no qual eles estabelecem relações entre si e entre eles próprios e os objetos que fabricam. O mundo e a esfera pública coincidem constituindo um espaço de realidade onde as coisas podem ser vistas por muitas pessoas, numa variedade de aspectos, sem mudar de identidade; é também um espaço de realidade no qual o artifício humano é capaz de dar testemunho da existência dos seus criadores, durante várias gerações (Arendt, 2000),

dimensão do mundo dos homens. A esfera pública do *homo faber* é o mercado de trocas, isto é, ele se relaciona com outras pessoas, trocando produtos. A condição humana do trabalho é a mundanidade.

A distinção entre o homem como *homo faber* e homem como *animal laborans* é a distinção entre o homem como artesão e artista (no sentido grego) e o homem submetido à maldição de ganhar seu pão de cada dia com o suor de seu rosto, segundo Arendt.

No entanto, para a autora, a única atividade exercida entre os homens sem a mediação das coisas ou da matéria é a *ação* – cuja condição humana é a pluralidade entre os homens. A ação é realizada no espaço público, na convivência entre os homens. Está vinculada à criação, ao nascimento de cada homem que, em sua singularidade, imprime uma marca pessoal ao movimento vital. Ao revelar a singularidade do ator, a ação necessita da mediação da palavra e do outro para sua realização. O sujeito, através do discurso, conta "quem ele é", construindo sua identidade. A ação, mediante a palavra do outro, anuncia o passado, o presente e o futuro do fazer do ator, produzindo histórias de vida singulares, inseridas num conjunto de várias histórias com muitos autores e narradores. Ela produz uma realidade, distinta do artefato humano, produz a realidade do mundo circundante e a realidade do próprio eu (identidade). Portanto, a ação dá existência ao Ser, fazendo coincidir *Ser e Aparecer*. A verdadeira individualidade está assentada na pluralidade humana, que entre os homens é a paradoxal pluralidade da convivência entre suas singularidades.

Na opinião da Arendt, com as transformações do processo produtivo do mundo moderno, o homem viu-se diante da recorrência do processo de produção de bens de consumo, que liquida com o sentido da atividade de fabricação (*homo faber*) assentado na produção de objetos destinados a compor a durabilidade do mundo. O princípio da utilidade perdeu lugar para o princípio da felicidade, ou seja, a produção de objetos úteis e duráveis foi substituída pela produção de coisas destinadas à alegria no consumo e à amenização da dor de produzir (duas funções do *labor*). Os ideais do *homo faber*, ao serem substituídos pelos ideais do *animal laborans*, deslocam o referencial centrado no homem para o referencial centrado na vida (como sobrevivência biológica da espécie). Assim, tudo o que ajuda a estimular a produtividade e alivia a dor e o esforço torna-se útil. É a valorização da vida, defendida pelo cristianismo, que atribui dignidade à atividade do *labor*. Para Arendt (2000), só o espaço político[3] entre os homens da coparticipação de atos e de palavras dá liberdade à realização de uma singular contribuição pessoal.

Ao sistematizar a distinção entre as três atividades que compõem a *vida ativa*, Hannah Arendt recupera-as do esquecimento a que foram submetidas dentro da tradição do

---

[3] O termo "político" refere-se à existência de um mundo comum, com origem na experiência e na palavra grega *polis*; difere do termo social, que diz respeito à convivência gregária entre os homens.

pensamento ocidental. Isso não significa que o homem que realiza determinada atividade encontra-se destituído das capacidades correspondentes a outras atividades. Independente da atividade realizada, as condições humanas (de sobrevivência e manutenção da vida, de mundanidade e de pluralidade) foram dadas/construídas ao/pelo homem juntamente com sua vida. Todo homem, em maior ou menor grau, é *animal laborans* e por suas aptidões pode obter o *status* de *homo faber*. Porém, todo homem, em virtude de seu próprio nascimento, é dado à *ação*, iniciando uma sequência absolutamente singular de eventos.

Como a acumulação do capital está assentada no ciclo vital da sociedade, o capitalismo só tende a ampliar o número de expropriados, tornando essa sociedade o lugar onde todos, com raras exceções, estão cada vez mais ocupados com sua sobrevivência – o *labor* é uma atividade generalizada e não se restringe mais a uma classe de operários.

Uma das fontes de preocupação de Hannah Arendt (2000) é o fato de existir, no mundo contemporâneo, cada vez menos espaço para a manifestação tanto da condição de *mundanidade* como de *pluralidade* humana, trazendo graves consequências para a humanidade. Primeira, com a perda do mundo comum, a capacidade de ação vem sendo canalizada pelos homens para *o aumento da produtividade*. A ação não encontra um espaço próprio para se realizar como atividade em si mesma voltada para o âmbito das relações humanas. Uma segunda consequência é o aumento da dificuldade dos homens para suportarem a própria mortalidade, que está associada à perda da durabilidade. Na cultura contemporânea, a imortalidade aparece assentada na imortalidade potencial da espécie – *animal laborans*. O homem moderno busca escapar da morte, não mais pelo testemunho e pela memória de sua existência, como entre os antigos, mas pela imortalidade do próprio corpo. Essa seria a *imortalidade do animal laborans*, pois ela não é a imortalidade alcançada a partir da revelação da identidade de um ser único. Alienação do homem frente ao mundo é, para a autora, em última instância, a alienação perante sua própria morte.

Outra consequência da ocupação de espaço público pela atividade do *labor* é o isolamento do homem na sociedade. Ainda que realize atividades publicamente, o homem moderno encontra-se submetido à *privatividade* do corpo. É o corpo do homem que empresta ao *labor* o seu caráter privado. A esfera social – enquanto produção dos meios de sobrevivência – está fundada no isolamento[4] entre os homens. "O que quer que façamos, devemos fazê-lo a fim de ganhar o "próprio susten-to"; é este o veredicto da sociedade, e o número de pessoas que poderiam desafiá-lo vem diminuindo consideravelmente" (Arendt, 2000, p. 139). Alienado de sua própria individua-lidade, o homem que se dedica ao *labor* é um ser igual aos demais, fracassando a alteridade. E, assim, igualmente fracassa a pluralidade.

Ainda de acordo com Arendt, os ideais do *homo faber*, fabricante do mundo, que são a permanência, a durabilidade,

---

[4] O isolamento na sociedade é resultado da ocupação do espaço público pela atividade do *labor*.

a estabilidade, foram sacrificados, durante o curso da História, em benefício da abundância, que é o ideal do *animal laborans*. No contexto da vida do *animal laborans*, as coisas são definidas não mais pelo seu valor de uso, mas pelo seu valor de troca, daí derivando suas características de obsolescência e domínio do produto descartável. No cenário em que todo o processo de produção da vida moderna é organizado para continuar cada vez mais lucrativo, tudo que é produzido – desde as roupas que se usa, aos homens e mulheres que operam as máquinas que as fabricam –, é feito e organizado para ser rapidamente reciclado ou substituído.

Por isso, a uniformidade predominante na sociedade do *labor* e do consumo tem íntima relação com a experiência corporal de trabalhar em conjunto, quando o ritmo agrupa de tal forma os trabalhadores, que cada um passa a sentir-se como simples membro do grupo e não mais como ser humano singular[5]. Essas condições – que aparentemente poderiam atenuar o esforço e a fadiga, fazendo o processo do *labor* funcionar de modo regular e tranquilo – são exatamente aquelas nas quais o indivíduo pode perder a sua identidade. Esse trágico contexto da condição do homem no trabalho moderno, na reflexão de Arendt, explica--se pelo fato de que:

---

[5] Nas sociedades contemporâneas, a solidão do trabalhador é ignorada porque as condições sociais e a organização do trabalho geralmente exigem a presença simultânea de vários trabalhadores para executar qualquer tarefa.

O trabalho, portanto, talvez seja um modo apolítico de vida, mas certamente não é antipolítico. Este último é precisamente o caso do *labor*, atividade na qual o homem não convive com o mundo nem com os outros: está a sós com o seu corpo, ante a pura necessidade de manter-se vivo. É verdade que vive também na presença e na companhia de outros, mas essa convivência não possui nenhuma característica da verdadeira pluralidade, [essa condição] que é decididamente política. (2000, p. 224)

A construção de uma ética que dê conta dos transtornos do viver em comunidade, assegurando na pluralidade, a singularidade, é o grande desafio de nossa sociedade. Essa é uma questão crucial colocada por Freud (1930), em seus termos, à espécie humana:

[...] até que ponto seu desenvolvimento cultural conseguirá dominar a perturbação provocada de sua vida comunal causada pela pulsão humana de agressão e autodestruição. [...] Os homens adquiriram sobre as forças da natureza tal controle, que, com sua ajuda não teriam dificuldades em se exterminarem uns aos outros, até o último homem. Sabem disso, e é daí que provém grande parte de sua inquietação, de sua infelicidade e de sua ansiedade. (2000, p. 170)

Metamorfoses subjetivas de Fausto

O personagem Mefistófeles, criado por Goethe na obra *Fausto* de 1831[6] representa para Freud (1930) uma identificação convincente do princípio do mal como impulso destrutivo. Tal identificação se opõe não a um deus cristão, mas a *Eros* como princípio da criação e multiplicação de vida. Marshall Berman[7] em seu livro *Tudo que é sólido desmancha no ar* (1992), faz uma tradução da tragédia do desenvolvimento econômico desenfreado característico da modernidade, através das metamorfoses subjetivas de *Fausto*, sustentadas pela intervenção de Mefistófeles.

> A força vital que anima o Fausto goetheano [...] é um impulso que vou designar como desejo de desenvolvimento. [...] Nas suas primitivas encarnações, Fausto vendia sua alma em troca de determinados bens, claramente definidos e universalmente desejados: dinheiro, sexo, poder sobre os outros, fama e glória. O Fausto de Goethe diz a Mefistófeles que, sim, deseja todas essas coisas, mas não pelo que elas representam, mas pelo que elas representam em si mesmas

---

[6] Goethe (1759-1832) iniciou o trabalho de *Fausto* quando tinha 21 anos (1770), escrevendo intermitentemente por seis anos. Porém, só considerou a obra terminada um ano antes de sua morte.

[7] Marshall Berman nasceu em Nova York. Desde o final da década de 1960 é professor de teoria política e urbanismo na *City University of New York*.

[...] alegria e desgraça juntas, assimilando-as todas em seu interminável crescimento interior. (p. 41)

Para Berman, o *Fausto* evidencia a ideia da construção de uma afinidade entre o ideal cultural do autodesenvolvimento e o efetivo movimento social em direção ao desenvolvimento econômico da modernidade[8]. O grande desenvolvimento intelectual, moral, econômico e social, que se inicia através da relação entre Fausto e Mefistófeles, representa um altíssimo custo para Fausto, vale dizer, para o ser humano.

Sua história é narrada mediante três metamorfoses: o Sonhador, o Amador, alcançando sua apoteose como o Fomentador.

No Sonhador acontece a grande cisão entre a vida interior e a vida exterior, passando o dinheiro a funcionar como um dos mediadores cruciais da vida.

> Corpo e alma devem ser explorados com vistas ao máximo retorno – mas não em dinheiro, e sim em experiência [...]. Fausto torna-se o capitalista simbólico, o capital em circulação em busca de uma expansão sem fim. A velocidade gera uma áurea nitidamente sexual. (Berman,1992, p. 50)

---

[8] Berman (1992) distingue duas grandes vertentes de compreensão da vida moderna: a modernização (a perspectiva material) e o modernismo ou modernidade (perspectiva espiritual).

Como o Amador, vem Fausto autoconfiante e sedutor, abrindo-se ao mundo e aprendendo a amar. Junto da expansão vem a destruição cruel das formas de vida, que se diferenciam do ideal de desenvolvimento. Fausto transforma-se novamente, conectando seus caminhos pessoais com as forças econômicas, políticas e sociais que dirigem o mundo, aprende a construir e a destruir, tornando-se o Fomentador. Nesse momento, segundo Berman (1992), fica evidente a fusão de dois movimentos históricos construtores da modernidade: por um lado, as transformações do mundo econômico estabelecendo a divisão social do trabalho e uma nova relação entre ideias e vida prática e, por outro, a busca romântica do autodesenvolvimento.

O Fomentador é capaz de reunir recursos materiais, técnicos e espirituais, transformando-os em uma nova estrutura de vida social, capaz de satisfazer às necessidades do desenvolvimento capitalista (aventureiro, aberto ao infinito). Aqui, Mefistófeles, representante das pulsões destrutivas no homem, assume um papel secundário. "[...] As únicas forças subterrâneas em atividade aqui são as forças da moderna organização industrial. [...] Todas as barreiras humanas e naturais caem diante da corrida pela produção e a construção" (Berman, 1992: 56).

Fausto descobre a maldade de suas ações, descobre que o sofrimento humano também abre caminho para o desenvolvimento. O estilo da maldade característico da modernidade é indireto, impessoal, mediado por complexas organizações e funções institucionais. Fausto fingia para si mesmo que poderia criar um mundo novo sem sujar as próprias mãos, em nome de seu desejo narcísico pelo poder. Os homens – e o próprio Fausto – passam a existir em função do desenvolvimento (tornando-se um instrumento) e não em função de si mesmos ou de seus pares, criando-se dessa forma o que passa a definir o homem moderno.

No espaço coletivo da modernidade, o sujeito é definido por diferentes formas do Outro. Segundo Dufour (2001), nós somos modernos quando o mundo deixa de ser fechado para se tornar aberto, ou melhor, infinito, também nas suas referências simbólicas. Na modernidade, a supressão dos valores de permanência e tradição, ao lado da diversidade de referências concorrentes e conflitantes, configura-se como crítica constante dos valores simbólicos e a condição subjetiva de "crise". A crescente destruição das estruturas coletivas e a promoção de uma ordem fundada no individualismo e na liberdade sem limites – promovidas pelo neoliberalismo – ressoam de diferentes formas na organização social e nos processos de subjetivação, configurando, segundo esse autor, uma nova era que vem sendo denominada de pós-modernidade.

O ideal fomentador e seus efeitos nos processos de subjetivação na contemporaneidade

O processo de globalização, devido a sua tendência totalitária na direção de um mercado mundial caracterizado pela extrema velocidade das operações financeiras, produz efeitos múltiplos no cotidiano das pessoas que sobrevivem do seu trabalho. Esses efeitos vão desde o desenvolvimento acelerado das tecnologias de informação, a expansão das redes, até a dificuldade da identificação do sujeito do poder.

As decisões do poder parecem deslocar-se metonimicamente – estão sempre ao lado ou, então, mais adiante – dificultando sua apreensão ou a construção de um ponto axial que dê sustentação na criação de referências simbólicas que promovam continência significativa aos rumos da vida.

Sem uma referência minimamente estável para fundar a alteridade e uma exterioridade simbólica, a relação com o outro do poder torna-se problemática, à medida que a sobrevivência pessoal torna-se fragilizada e ameaçada frente a acontecimentos cotidianos, como se a vida das pessoas estivesse à mercê dos caprichos ou rumos de "algo" dificilmente identificado ou apreendido (Dufour, 2000; Abraham, 2000). Pode-se dizer que, historicamente, o sujeito nunca teve controle sobre os mecanismos de poder, mas a questão dessa problemática na contemporaneidade será a impossibilidade de reconhecer – literal e simbolicamente – quem é e onde está o poder.

O psicanalista Jurandir Freire Costa (1991) destaca duas possíveis reações de características perversas em sujeitos neuróticos diante dessa superfluidade do outro: a delinquência e a obediência.

A partir do que Arendt estabelece ao longo de sua obra sobre a *banalidade do mal* (1999) e o *totalitarismo* (1989), e também a partir da noção de Calligaris (1991) sobre *laço social perverso*,

Freire Costa elabora um derivativo para a compreensão da obediência no trabalho burocrático como um laço social perverso.

A respeito do fenômeno totalitário estudado e descrito por Arendt, o psicanalista Freire Costa sintetiza os traços que se repetem nas diferentes formas de totalitarismo:

> [...] a anulação do indivíduo, a obediência cega a regulamentos que fazem às vezes de lei e a construção de um mundo social fantasmagórico, regido por "forças ou ordens" que emanam de Ninguém, porque são tidas oriundas da tradição, da história, da raça, do costume ou simplesmente uma versão abastarda de destino, que é o "não tem jeito", "sempre foi assim e assim vai continuar sendo. (1991, p. 48)

A associação do totalitarismo a condutas e normas sociais "perversas" foi estabelecida por Arendt (que nunca usou o termo) em várias obras ao longo de sua vida. Essa relação ficou fortemente demarcada por sua análise dos testemunhos dos oficiais nazistas em julgamento após a Segunda Guerra Mundial[9]. Nesse acontecimento histórico, ela destacava como condutas características da banalização do mal aquelas praticadas por pessoas aparentemente "normais" e que chegaram à

---

[9] Essa análise de Arendt e a posterior publicação de suas obras sobre o assunto começou com um convite que ela recebeu do jornal *New York Times* para viajar à Europa e escrever um artigo sobre os julgamentos de criminosos da Segunda Guerra Mundial, em Nuremberg.

crueldade extrema, em uma experiência vivenciada de forma "normatizada".

Por isso mesmo, provavelmente, desde então e até os nossos dias, Arendt tornou-se fonte (onde se bebe), para as mais diversas áreas do conhecimento (e de pensamento). Muitos e diversos autores, a partir do modo de pensar de Arendt, passaram a entender e refletir sobre essas relações perversas – características da condição humana moderna.

Dentre esses autores, destacamos Contardo Calligaris e Christophe Dejours, que somam à influência da obra de Arendt o seu conhecimento psicanalítico, para compreender e escrever sobre o tema da perversão em cenário distinto daquele exclusivamente psicanalítico. Por isso mesmo, não se restringem à perversão sexual, discutindo também a perversão social. Dessa forma, criam novos conceitos a serem utilizados como ferramenta no estudo psicanalítico deste tema tão relevante para a cultura contemporânea.

Esclarecimentos adicionais sobre a noção de perversão como laço social

Os estudos sobre totalitarismo de Arendt deram a Calligaris a fundamentação para a construção da noção de perversão como laço social por excelência. O conceito de *laço social perverso* deriva da noção lacaniana de laço e do que se define em psicanálise como estrutura perversa. Ao deslocar a noção de perversão do sexual para o social, cria-se uma nova chave de interpretação tanto para a perversão, quanto para o sintoma social, estabelecendo-se uma ponte entre os pressupostos metodológicos da construção do *fantasma* da clínica para o social.

Para Calligaris (1991) o que interessa não é a estrutura perversa. O que realmente importa para o autor é a facilidade com que o neurótico entra em formações ou montagens perversas. Nesse movimento, o neurótico perde sua singularidade, para perseguir o gozo do Outro, transformando-se imaginariamente em instrumento e saber numa montagem que persegue, como gozo, o seu próprio funcionamento[10].

Nessa situação, o risco da banalização do mal estaria na disponibilidade da pessoa com funcionamento neurótico de se deixar captar pela montagem perversa e pelas exigências do social que tende a retificar "um Outro" dissolutor da singularidade do sujeito e do seu desejo. São os signos imaginários, respaldados pelo imaginário social, que fazem a montagem perversa funcionar.

Ao tratar a perversão como patologia social, Calligaris (1991) descreve a paixão de todo neurótico pela instrumentalidade – *paixão de ser instrumento*. O efeito dos avanços técnicos sobre o sujeito poderia ser entendido, também, como o "[...] efeito do interesse e da paixão humana em sair do sofrimento neurótico banal, alienando a própria subjetividade, ou melhor,

---

[10] O Outro é artefato da própria montagem perversa, onde os lugares do saber e do instrumento são intercambiáveis e onde é buscado apenas o gozo da montagem. Ver: Costa (1991).

reduzindo a própria subjetividade a uma instrumentalidade" (p. 110).

No cenário da modernidade, trata-se da captura do sujeito com seu desejo pelos signos e ideais da nossa época, movido por uma paixão não pelo *ter*, mas pelo *ser* instrumento, confundindo-se esse sujeito com a própria montagem. É a fusão do espiritual com o material, como a fusão indicada por Berman (1992) nas metamorfoses subjetivas de Fausto.

2.

FUNDAMENTOS PARA UMA CLÍNICA DO TRABALHO

Deságua em mim uma paixão.
No coração um berreiro.
Dentro de você o quê?
Chamas do amor em vão.
Beiramar de Roberto Mendes &
Capinam, na voz de Maria Bethânia.

Um pouco de história[1]

A psicodinâmica do trabalho foi inaugurada por Dejours[2] como disciplina na década de 1980, apoiada fundamentalmente

---

[1] Este capítulo está apoiado no livro organizado por Selma Lancman & Laerte Idal Sznelwar (2004) com os textos de Christophe Dejours.

[2] Dejours iniciou suas pesquisas na área de psicopatologia do trabalho em 1973 e desde 1990 coordena a equipe de pesquisadores do *Laboratoire de Psychologie du Travail et de L'action*, junto ao CNAM – *Conservatoire National des Arts et Métiers* (Paris), com pesquisas em psicanálise, saúde e trabalho.

na psicanálise, psicossomática psicanalítica e na ergonomia franco-belga, agregando contribuições da sociologia do trabalho, da sociologia política e da psicologia do trabalho francesa. O campo desta psicopatologia do trabalho é a investigação das formas de sofrimento, seu conteúdo, sua significação e seus processos defensivos. O foco é a relação dos homens com a organização do trabalho, dando ênfase, sobretudo, aos coletivos e não aos indivíduos tomados um a um. Seu método de pesquisa está caracterizado pela escuta do sofrimento psíquico dos trabalhadores ao falar de seu trabalho em grupo, denominado *espaço de discussão.*

A psicodinâmica do trabalho, inicialmente, investiga os processos psíquicos mobilizados pelo confronto do sujeito com sua história singular preexistente, com uma situação de trabalho cujas características foram fixadas à revelia de sua vontade. Por um lado, a organização do trabalho (representante da vontade do outro); por outro lado, o sujeito com seu aparelho psíquico encarregado, primeiro, de representar e, depois, de fazer triunfar o modo de funcionamento do sujeito (gozo) e de suas aspirações (desejo), em um arranjo da "realidade" suscetível de produzir, simultaneamente, satisfações concretas e satisfações simbólicas. As vivências de sofrimento e prazer apontam para o fracasso ou sucesso em resolver as contradições entre a história singular e a situação presente.

As satisfações simbólicas dizem respeito ao sentido, à significação do trabalho nas suas relações com o desejo. Além disso, as questões relativas à organização do trabalho podem favorecer e manter comportamentos que não faziam parte dos hábitos do sujeito.

Como o desejo está situado entre a necessidade e a demanda, uma vez atacado o desejo, fica ameaçado o regulador natural do equilíbrio psíquico e somático. A partir da posição do desejo é possível construir uma visão clínica da relação psíquica do sujeito no trabalho: neste contexto, a organização do trabalho representa (decifra) a vontade de um Outro (clínica do trabalho).

Cabe ressaltar que, nessa fase inicial da pesquisa, a organização do trabalho ainda era considerada, por Dejours, como um conjunto de constrangimentos monolíticos, inflexíveis, preexistentes ao encontro com o sujeito, concebendo-a a partir de uma perspectiva clássica e/ou funcionalista[3]. Porém, o modelo de compreensão do sofrimento psíquico no trabalho, formulado por Dejours, já difere do modelo médico clássico e renuncia igualmente ao modelo causal, no qual o comportamento dos trabalhadores é visto como determinado apenas pela consciência (sua vontade) e/ou pela força de pressões.

Para a psicodinâmica do trabalho, os homens não são passivos diante dos constrangimentos organizacionais, pois são capazes de se protegerem nas situações nocivas a sua saúde, quando constroem processos defensivos contra o sofrimento. Sob as mesmas condições, ocorrem laços intermediários entre as pressões de trabalho e as reações de defesa do sujeito.

---

[3] Perspectiva que foi posteriormente modificada por Dejours através dos estudos da psicodinâmica do trabalho.

Esses estudos das situações de trabalho evidenciam como o sofrimento não é revelado diretamente, podendo ser captado por meio dos processos defensivos, elaborados inconscientemente pelos trabalhadores. A vivência de sofrimento permanece singular, mas as defesas podem se configurar como objeto de cooperação coletiva. Apesar de a cisão ou dissociação do sofrimento assumir, em cada um, uma forma específica, segundo sua história particular, quando o setor excluído do pensamento é comum ao grupo em que está inserido, o sujeito pode substituir um pensamento pessoal por ideologias e estratégias defensivas coletivamente construídas.

Seguindo essa trajetória de pesquisas, novas questões foram surgindo no grupo, das quais se destaca a seguinte: como a maioria das pessoas não adoece apesar das pressões ou constrangimentos danosos presentes na organização do trabalho? A normalidade e a saúde passam a ser vistas como um enigma.

A partir da sua experiência de pesquisa no *Laboratoire,* Dejours (1993a) modifica o conceito econômico[4] de saúde, presente na psicopatologia do trabalho, para um conceito dinâmico.

A saúde passa a ser entendida como um equilíbrio dinâmico instável (precário) entre sofrimento e estratégias defensivas contra este. O sofrimento é concebido como uma vivência subjetiva intermediária entre a doença (mental ou somática) descompensada e o conforto (ou bem-estar) psíquico. A saúde

---

[4] O conceito econômico de saúde considera a existência de um estado pleno em que a saúde pode ser desgastada quando consumida pelo trabalho.

é apresentada como fruto de uma luta constante, produto de uma dinâmica humana em que as relações intersubjetivas na construção de estratégias defensivas contra o sofrimento ocupam um lugar central.

A investigação clínica junto aos trabalhadores vai, gradualmente, sendo deslocada: das relações entre o estudo do comportamento e as experiências de prazer/sofrimento para o estudo da organização do trabalho e das relações sociais de trabalho.

Análise psicodinâmica do trabalho

Os estudos em psicodinâmica do trabalho procuram compreender como o trabalho comporta sempre uma dimensão de sofrimento, muitas vezes conduzindo os trabalhadores ao adoecimento e igualmente constituindo um potente operador na construção da saúde. Agora, para compreender o trabalho a partir da psicodinâmica, é necessário primeiro perceber a dimensão enigmática do trabalho.

Os estudos da ergonomia franco-belga[5] na década de 1970-1980 contribuíram de forma decisiva com a teoria do trabalho, ao revelar o caráter incontornável do real no trabalho. Esses

---

[5] Com proposições relacionadas à variabilidade dos contextos de trabalho e às variabilidades individuais; à distinção entre tarefa e atividade; a importância da atividade de regulação exercida pelos trabalhadores. Remeto o leitor aos estudos dos ergonomistas: Alan Wisner (1994) e François Daniellou (2004).

ergonomistas nomearam, na dimensão da técnica, a existência de um intervalo (hiato) irredutível entre tarefa prescrita e atividade real do trabalho. A presença desse hiato mostrou--se passível de demonstração mesmo nas tarefas de estrita execução, impondo a necessidade de regulação exercida pelo trabalhador. As pesquisas em ergonomia revelaram a complexidade geralmente subestimada da experiência de trabalho.

Essas concepções proporcionaram uma inversão de perspectiva no conceito de trabalho e na relação dos homens com a organização de trabalho. Esta última passa a ser vista como processo em construção, como produto das relações sociais (e não mais monolítica e inflexível). Ocorre, também, através da psicodinâmica do trabalho, uma alteração do próprio conceito de trabalho, mobilizado justamente ali onde a ordem tecnológica é insuficiente. Essa face oculta do trabalho leva a psicodinâmica do trabalho a propor uma nova definição deste.

> [...] O trabalho é atividade manifesta por homens e mulheres para realizar o que ainda não está prescrito pela organização do trabalho [...] é o que é inventado pelos homens para combater o hiato entre a organização prescrita e a organização real. Todo trabalho é sempre trabalho de concepção, é por definição humano. [...] Exige sempre a mobilização da inteligência e da personalidade bem como a coordenação e a regulação coletivas, [...] supõe o engajamento da criatividade (*poièsis*) e da ação moral (*práxis*). (Dejours,1994a, p. 135)

A análise psicodinâmica das situações de trabalho, ao investigar[6] a dimensão dos processos subjetivos mobilizados frente ao hiato entre a organização do trabalho prescrita e a real, sublinha as dimensões dramáticas do trabalho.

Na diferença entre o real e o prescrito há uma confrontação à resistência do real (coisa), que se opõe à ordem do discurso. Trabalhar pressupõe sair do discurso e confrontar-se com o mundo sobre o qual os homens não têm controle. Um mundo muito mais complexo que o "formal", previsto pelas instruções, onde os conhecimentos acumulados e socialmente estabilizados são sempre insuficientes. Mesmo o trabalho de estrita execução e aplicação de instruções exige interpretação do operador, improviso e trapaça em relação ao prescrito. No âmago da experiência do trabalho estão presentes a falta, o sofrimento e um movimento inicial de frustração/desilusão.

Para fazer frente ao inesperado, ao que escapa à prescrição, o sujeito mobiliza um tipo de *inteligência em ação* (Dejours, 1993d), ancorada no corpo e nas camadas obscuras da personalidade com raízes na singularidade do seu compromisso e da sua história. Isso quer dizer que, ao enfrentar o sofrimento desencadeado no confronto com o real, mediante a inteligência em ação, há uma mobilização da energia pulsional, guiada por

---

[6] Essa investigação busca a articulação no trabalho das três racionalidades descritas por Habermas: a racionalidade em relação à produção (critério da eficácia); a racionalidade em relação ao mundo social (com as normas e valores de convivência no trabalho) e a racionalidade com relação à saúde e ao mundo singular subjetivo. Ver Dejours (1993a).

fantasias (fantasma) e pela formação de compromisso entre desejo e realidade.

A inteligência prática em ação é uma inteligência fundamentalmente transgressiva, em constante ruptura com as normas, inerente ao coração dos segredos de ofício. Refere-se ao saber-fazer, à inteligência astuciosa em atividade constante, com aptidões da ordem de Métis[7].

Métis é a deusa grega representante da arte do ofício, é a possuidora de aptidões que asseguram o sucesso nas provas práticas e na ação, diferenciadas das aptidões de sua filha Atenas, a deusa da razão (técnica). De acordo com a mitologia grega, enquanto o pensamento técnico (Atenas) nasce da cabeça (de Zeus) com caráter imediato, o ofício (Métis) que primordialmente o concebeu é gerado no interior do ventre. As artes do ofício aumentam a dimensão enigmática e obscura do trabalho (Grimal, 1996).

A visibilidade do trabalho é uma questão difícil tanto para o organizador (gerência científica) quanto para o trabalhador. Sua obscuridade está ligada a vários fatores, entre os quais se destacam: a eficácia, a natureza dos recursos mobilizados pelos trabalhadores (mobilização subjetiva) e as condições organizacionais e sociais.

Por um lado, o trabalho não é visualizado (reconhecido) pelos gestores, que tendem a diminuir sua importância. Por existir justamente onde ocorre a falta da organização prescrita, conduz

---

[7] Métis, deusa do panteão grego, cujo nome significa prudência e/ou perfídia.

ao paradoxo de quanto maior for a eficácia do trabalho realizado menor é a possibilidade de sua visualização. Esse paradoxo fica evidente na proliferação de modos de gestão de pessoal, que apagam a experiência do trabalho e postulam a permutabilidade dos homens nas organizações contemporâneas.

De outro, ao localizar-se na fronteira entre o discurso e a resistência ao mundo, a experiência de trabalho torna-se um fenômeno obscuro no próprio entender de quem trabalha. O saber-fazer é um saber que ignora a si mesmo, necessitando de um processo de elaboração, que está além da ação imediata, para se constituir como experiência reutilizável. Porém, a possibilidade de ocorrer esse processo de elaboração depende de uma dinâmica de reconhecimento na qual as relações sociais no contexto organizacional desempenham um papel fundamental.

Inteligência prática e o sofrimento criador

Segundo Dejours (1993b), o exercício bem-sucedido da inteligência astuciosa, mobilizada pelo sofrimento, além de atenuar o sofrimento, tem como efeito a obtenção do prazer. Essa atividade de concepção usada para diminuir a defasagem entre o real e o prescrito, em nível psíquico toma o lugar da atividade de experimentação ocupada pela atividade lúdica da criança (Winnicott, 1975). A curiosidade que busca apenas o investimento da ação mobilizada pela situação de trabalho é herdeira da curiosidade da criança sobre suas origens. "O jogo da criança torna-se a atividade da inteligência astuciosa no adulto" (p. 294).

O investimento e o engajamento subjetivo na situação de trabalho, ao reatualizar no sujeito a curiosidade infantil promove a transposição, por forma e analogia, entre o teatro do trabalho e o teatro psíquico herdado de sua infância. As condições psicoafetivas características da ressonância simbólica – entre o teatro da situação atual de trabalho e o teatro interno herdado do passado – são as condições de mudanças do objetivo da pulsão no processo de sublimação. Ocorre uma transposição entre o: teatro psíquico « teatro lúdico « teatro do trabalho. É na gestão do hiato entre o real e o prescrito que o investimento sublimatório e a ressonância simbólica podem operar.

Relações sociais de trabalho

As pesquisas da ergonomia e em psicodinâmica do trabalho constataram que a organização de trabalho é em si repleta de contradições. A técnica configura-se como um cenário de luta entre a ordem e a desordem. Nas organizações, as leis, normas e regulamentações podem formar um corpo de tamanha complexidade, chegando a impossibilitar a execução do trabalho, levando, muitas vezes, as prescrições concebidas para organizar o trabalho a potencializar a desorganização, gerando mais angústia e sofrimento.

Nas pesquisas em psicodinâmica do trabalho (Dejours, 1994a) foi observado que, frente à desorganização e à irredutibilidade da resistência do real, os trabalhadores procuram realizar sua própria gestão, enfrentando seus riscos com angústia e sofrimento. A resistência ao real, que se manifesta pelo fracasso de sua superação, cria um sofrimento que, quanto mais negado, mais doloroso se torna.

Contribuição pessoal

O trabalhador, para atender aos objetivos da produção com modos operatórios mais eficazes do que o prescrito, contribui pessoalmente para a construção da organização do trabalho real. Além de mobilizar, na situação de trabalho, processos subjetivos de investimento do desejo, da inteligência em ação e da personalidade, os trabalhadores contribuem construindo *regras de trabalho* para alcançarem a qualidade. Para realizar esse rearranjo nos modos operatórios, muitas vezes o sujeito tem que assumir o risco da *transgressão* em relação à organização prescrita.

Dessa forma, uma parte do trabalho se desenrola sem uma clara *representação* da sua aposta em atos (inteligência em ação), fazendo o sujeito emergir da ação. A *atividade* se desenrola através do compromisso do corpo na relação com o mundo, sem o controle estrito do intelecto.

O processo de elaboração de retomada dos traços psíquicos na ação, no sentido de uma formalização que se realiza pela apropriação através da fala, permite a rememoração *a posteriori* dessa experiência como uma solução quando o trabalhador se vir em situação assemelhada.

Cooperação

O trabalho exige uma mobilização/contribuição pessoal e coordenada, caracterizada pela regulação coletiva dos homens e das mulheres frente ao que não é dado pela organização, e que supõe uma ação moral. Para além de coordenar tarefas (prescritas), faz-se necessário coordenar maneiras de trabalhar, maneiras de fazer face ao inesperado, que são fortemente personalizadas. Como o recurso mobilizado enraíza-se nas modalidades específicas do acordo em que o sujeito negocia a distância (hiato) entre o seu desejo e a realidade, o trabalho não é facilmente visualizado pelo outro, necessitando haver certo grau de intimidade entre os pares para se obter tal visualização.

Por conseguinte, a organização do trabalho deve dar margem de liberdade para conciliar a intimidade necessária para a mobilização da personalidade e a exigência necessária para a mobilização de uma coordenação cooperada. A cooperação pede um trabalho muito importante de construção e elaboração das regras de ofício (não redutíveis à dimensão da prescrição). É no âmbito das regras de ofício construídas que se estabelecem as relações de confiança.

As construções da confiança e das regras de ofício supõem a existência de espaços de debate – caracterizados pela convivência e pela confrontação das opiniões, tais como o lugar onde se toma café, onde se faz as refeições. Nesses espaços, as pessoas contam histórias sobre a vida, sobre o trabalho, sobre a articulação do profissional e extraprofissional. Contam histórias que permitem pôr à prova o que cada um faz, podendo obter o reconhecimento dos colegas. Graças às contribuições singulares, o patrimônio (história) coletivo do grupo pode ser constituído e enriquecido.

O elemento que permite a alternância entre intimidade e visibilidade é a confiança construída nesses espaços de convivência. Na falta desse espaço – que fornece a base da confiança e da cooperação – o risco no trabalho pode multiplicar-se entre os diferentes grupos na empresa, ou mesmo entre os indivíduos, conduzindo a uma fatal fragmentação do tecido social.

Portanto, é a confiança fundada sobre a consciência de uma comunidade de valores que permite a alternância de intimidade e visibilidade[8], que permite a cooperação, o julgamento entre os pares e o reconhecimento do trabalho realizado. O bom funcionamento dinâmico desse sistema implica, também, o estabelecimento de relações de confiança entre a hierarquia e os agentes.

---

[8] Fenômeno bem diferente da "transparência" que costuma ser idealizada pelas direções administrativas.

Uma imagem exemplar. Dona Inês, há mais de quinze anos tem sido recepcionista de um prédio comercial na minha cidade. Todos os dias, durante um período de seis horas, ela fica sentada atrás do balcão dando informações, recebendo e entregando correspondência, e controlando o fluxo de pessoas junto aos elevadores na portaria e nos dez andares do prédio através de um monitor que fica a sua frente. Em quinze anos como recepcionista, sempre fez crochê enquanto cumpria suas funções e foi sempre elogiada pelo seu trabalho. Com a chegada de um novo síndico para o prédio, Dona Inês foi proibida de continuar fazendo o seu crochê. A portaria nunca mais foi a mesma. O fazer crochê era o seu trabalho, embora ela não demonstre ter conhecimento desse fato. Ao mesmo tempo, a reação generalizada das pessoas que trabalham no prédio foi de perplexidade, ao descobrirem que a funcionária não podia mais fazer o crochê! Na verdade, Dona Inês não pode mais fazer o seu trabalho.

As organizações, ao se encerrarem na prescrição, costumam transformar em trapaça (transgressão) o que constitui o combustível do trabalho. No jogo social, a contribuição pessoal se dá pela construção coletiva de regras de trabalho, dependendo do compromisso[9] e da cooperação entre os agentes[10]. É

---

[9] Esse compromisso é resultado de confronto de opiniões, arbitragem, juízo, escolhas e decisões no jogo social (Dejours, 1994b).

[10] A cooperação supõe: a) a concordância de regras de trabalho comuns ao grupo; b) condições que permitam a efetivação social dessas regras; c) relação mútua de confiança entre os trabalhadores que possam dar visibilidade ao trabalho (Idem, idem).

na elaboração da atividade no enfrentamento com o real que acontecem as disputas das relações sociais de trabalho. Porém, a condição psicoafetiva da cooperação, isto é, a aceitação das regras do jogo é resultante do desejo de jogar. O desejo de jogar ganha no contexto de trabalho a forma de desejo de reconhecimento.

Em retribuição ao sofrimento, ao esforço da engenhosidade, ao engajamento no trabalho coletivo, os trabalhadores buscam e esperam gratidão e reconhecimento do que fazem na realidade (inverso da negação e da recusa da realidade). A qualidade da dinâmica de reconhecimento depende das possibilidades efetivas de investimento pessoal do desejo na situação de trabalho. O sofrimento, ao ser ressignificado nessa dinâmica, pode ser transformado em prazer e pode contribuir na conquista da identidade no campo social. Para Dejours (1992b), o sentido do trabalho está solidamente amalgamado com desafios da identidade e de reconhecimento em grupo.

Desafios da construção de identidade

De acordo com a perspectiva da psicodinâmica do trabalho, o homem está dividido entre uma ancoragem corporal (singular e indizível) e uma inscrição social radicalmente impessoal, na qual residem suas esperanças de realização. Luta, por um lado, contra a tirania do impulso que exige satisfação (corpo) e, por outro, contra os determinismos sociais e os papéis que lhe são atribuídos.

Essas duas dimensões heterogêneas fazem do homem um ser fundamentalmente incompleto, dedicado à procura de sua realização, da sua identidade. O seu desafio pessoal (destino) é encontrar uma saída para seus impulsos que seja compatível com sua inserção social e através da qual ele possa construir a sua própria história, a sua biografia.

Nessa perspectiva, a construção da identidade adquire a forma de uma procura por sua completude. Essa procura se dá, essencialmente, em duas direções ou sobre dois teatros. O teatro das relações amorosas e o teatro das relações sociais, em especial o das relações sociais de trabalho. Nos dois casos, o sujeito é convidado a dar sua contribuição pessoal a um cenário (milhares de vezes brincado/jogado). Mas, em nenhum dos casos, o sujeito é produtor de sua identidade. A identidade se dá pelo olhar do outro, pelo outro, sob a forma de reconhecimento.

Dinâmica do reconhecimento no trabalho

No contexto de trabalho, segundo Dejours (1992b), o reconhecimento está fundado sobre dois tipos de julgamento.

Julgamento de utilidade (social, econômica e técnica): "o que eu faço é útil". É o reconhecimento pelo julgamento das contribuições pessoais (singulares e coletivas) na elaboração da organização do trabalho. Atende aos critérios de eficiência da qualidade do serviço. O reconhecimento pelo julgamento de utilidade, efetuado pelo cliente e pela hierarquia, costuma ser importante na conquista de identidade pela via da aspiração em contribuir com a empresa e a sociedade. Nas organizações de trabalho, esse julgamento pode ser traduzido por aumento salarial, bônus, promoções e adiantamentos.

Julgamento estético: "este é um trabalho benfeito". É o reconhecimento feito pelo julgamento dos pares, diz respeito ao saber-fazer. É o julgamento da contribuição singular associada à inteligência astuciosa e criativa (racionalidade subjetiva) em relação às normas, regras e valores do ofício (racionalidade prática). Ele só adquire sentido ao ser realizado por aqueles que conhecem as dificuldades da execução das tarefas do trabalho, suas regras de ofício. Esse tipo de julgamento comporta duas dimensões: a) o reconhecimento do esmero do trabalho do sujeito, em conformidade às regras da arte do ofício, que constitui o coletivo de trabalho, importante na busca do pertencimento grupal e identidade social; e b) o reconhecimento das qualidades singulares da contribuição do sujeito, importante na busca de traços de identidade singular. A identidade por não ser precisamente idêntica a nenhum outro.

O julgamento pelos pares articulado às duas dimensões viabiliza a saída libidinal socialmente valorizada, descrita por Freud, inerente ao processo de sublimação.

Uma visão clínica da sublimação

O sofrimento está sempre impelindo o sujeito ao mundo – e também ao trabalho – na busca de condições de satisfação, autorrealização e identidade, fazendo-o construir eroticamente laços sociais constitutivos da intersubjetividade. Os processos identificatórios, ao longo da vida da pessoa, determinam sua identidade e sustentam a posição subjetiva no contexto de suas relações. Cabe lembrar que a psicanálise compreende o que se nomeia de identidade como um processo em constante construção.

Dejours (1999b) introduz um lugar diferenciado para o trabalho na configuração do funcionamento psíquico, assim como nos processos identificatórios propostos pela psicanálise. A retribuição simbólica, acordada para o reconhecimento, vem da produção de sentido que ela confere à experiência do real do trabalho. O reconhecimento pela via do fazer introduz um terceiro termo, além do simbólico e do imaginário: o real.

O reconhecimento da identidade no campo social implica o julgamento do outro sobre a relação do sujeito com o real. O acesso ao real é mediado pela técnica (trabalho). O que o sujeito procura que seja reconhecido é o seu "fazer" e não o seu "ser". Porém, para poder repatriar esse reconhecimento para o registro da identidade, é necessário primeiro ocorrer o reconhecimento da qualidade do trabalho pelo outro.

Dejours (1999b) defende a possibilidade de acesso à construção do EU – no campo social – pelo trabalho, diferenciada daquela que se realiza nos termos da economia libidinal, que promove o reconhecimento do sujeito pela via do desejo. Essa construção do Eu pela via do fazer diz respeito à relação que o sujeito mantém com o real, mediado pelo trabalho. O processo de conquista de identidade ocorre primeiro no campo erótico (amor) e, depois, no campo social pelo trabalho. A construção de identidade no campo social comporta, além da relação com o outro, a referência a um terceiro termo – o real.

Figura 1 – Termos envolvidos na construção de identidade no trabalho

Apesar de fortemente inspirado no conceito de real em Lacan e na fenomenologia, na análise de Dejours (1999b), feita a partir da psicodinâmica do trabalho, o conceito de real adquire formas específicas ao considerar o confronto com o real indissociável da técnica[11] (trabalho). O autor defende a ideia de que não há relação entre o ego e o real que não inclua o outro. Isto é, as relações entre os homens sempre implicam o

---

[11] Apoiado nos antropólogos do trabalho que defendem a ideia de que só podemos ter acesso ao real mediante uma técnica (no sentido proposto pela antropologia de Marcel Mauss).

recurso da técnica, e as relações entre os homens e a técnica sempre implicam relações com o outro.

O saber-fazer, presente na atividade produtiva, proporciona a oportunidade do encontro entre identidade e o real, pela via do olhar do outro. Assim, para o sofrimento ser transformado em prazer (via trabalho) é necessária a presença de um termo intermediário – o reconhecimento.

Figura 2 – Aspectos psicodinâmicos na construção de identidade

Freud coloca o trabalho ao lado da sublimação, como uma ação socialmente útil ou socialmente valorizada. Porém, de acordo com Dejours (1999b), no trabalho, a ação, para ser reconhecida como socialmente útil e valorizada, passa pelo julgamento que não é formado *a priori*, que deve ser conquistado a cada novo procedimento, pela sublimação de cada pessoa. Cada vez que essa etapa da dinâmica do reconhecimento sofre um curto-circuito, toda a economia da sublimação desaba. Talvez seja por isso que o trabalho seja tão pouco valorizado, como afirmava Freud.

Caso o reconhecimento seja direcionado ao Ser (pessoa) e não ao Fazer (obra), denota o não reconhecimento (ou desconhecimento) de seu sofrimento, pondo em risco a economia da relação sofrimento-prazer, pela via da sublimação. Os fracassos da sublimação podem ser analisados, também, como impasses provocados pelo(s) outro(s) no contexto de trabalho.

Dentro dessa perspectiva, segundo esse autor, pode-se ter uma visão clínica da sublimação, assim como das situações antissublimatórias (muito frequentes na sociedade contemporânea). A sublimação pode assegurar uma saída pulsional diferente das outras defesas. Outras formas de defesas costumam limitar o jogo pulsional pela via da repressão, pondo em risco a transformação do sofrimento em prazer.

De acordo com a análise do processo de sublimação, feita por Dejours, o trabalho pode desempenhar um papel de destaque na construção da identidade e do que representa a base do equilíbrio da saúde (psíquica e somática). O trabalho pode ser visto como um operador da saúde, ao ponto que, para alguns, a relação com o trabalho pode configurar a viga mestra da identidade e da saúde, como se poderá perceber mais adiante na análise do material clínico.

Ao compreender o processo de saúde vinculado a uma dinâmica intersubjetiva, fundamentalmente ligada à qualidade do comprometimento da pessoa na relação com o outro, Dejours entende que não há saúde individual.

Com os aportes da psicodinâmica do trabalho, o equilíbrio entre saúde-doença depende da relação do sujeito com o trabalho, bem mais do que poderia indicar a teoria psicanalítica clássica. Esses aportes levantam questões sobre o lugar do real na concepção do funcionamento psíquico, bem como do lugar atribuído ao trabalho na construção de identidade e na constituição do sujeito.

O trabalho como operador da saúde

O sofrimento criativo está intimamente ligado ao prazer conquistado no trabalho pelo exercício da inteligência astuciosa e da criatividade e pelo reconhecimento da contribuição fundamental que ela representa à organização do trabalho. A transformação ou ressignificação do sofrimento em prazer, a conquista de identidade e a conquista da saúde dependem da qualidade da dinâmica do reconhecimento e das estratégias defensivas contra o sofrimento. O sofrimento, ao ser transformado em prazer, inscreve a relação do trabalho como mediadora da realização de si mesmo trazendo sua contribuição à construção da identidade.

O trabalho funciona como mediador para a saúde, aumentando a resistência do sujeito ao risco de desestabilização psíquica e somática. Por outro lado, o trabalho funciona como mediador da desestabilização (fragilização) da saúde quando:

1. As condições de trabalho, as relações sociais e as escolhas gerenciais não oferecem margens de manobra para

gestão e aperfeiçoamento da organização do trabalho. A situação de trabalho, ao tornar-se cativa de pressões rígidas e incontornáveis, instaura a repetição, a frustração, o tédio, o medo ou o sentimento de impotência.

2. O sofrimento residual não pode ser compensado devido ao fracasso dos recursos defensivos – estratégias defensivas individuais e coletivas. Esse sofrimento residual continua a atacar o funcionamento psíquico e seu equilíbrio psíquico e somático, empurrando lentamente o sujeito para a descompensação (para a doença).

Entre as principais fontes do impedimento no trabalho da transformação do sofrimento em prazer, apontadas pelas pesquisas em psicodinâmica do trabalho, estão:

a) o entrave do exercício da inteligência astuciosa (prática e criadora);

b) a recusa generalizada da utilização da inteligência astuciosa para enfrentar o hiato entre o prescrito e o real da organização do trabalho; e

c) o não reconhecimento dos esforços e do custo para os trabalhadores do exercício dessa inteligência em termos de saúde (não reconhecimento do sofrimento no trabalho).

Relação prazer-sofrimento, estratégias defensivas e laços sociais

A visão psicodinâmica do trabalho busca a articulação das três racionalidades do trabalho: a racionalidade em relação à produção (critério da eficácia); a racionalidade em relação ao mundo social (com as normas e valores de convivência no trabalho) e a racionalidade com relação à saúde e ao mundo singular subjetivo.

> Trabalhar, na verdade, não é apenas exercer atividades produtivas, mas também "conviver". Assim, uma organização do trabalho racional deve antes de tudo preocupar-se com a eficácia técnica, mas deve também incorporar argumentos relativos à convivência, ao viver em comum, às regras de sociabilidade, ou seja, ao mundo social do trabalho, bem como argumentos relativos à proteção do ego e à realização do ego, ou seja, à saúde e ao mundo subjetivo. (Dejours, 1999a, p. 42)

As organizações mais ou menos estáveis podem ser entendidas através de processos que estão presentes nas relações interpessoais. Assim, categorias como a articulação do desejo, projeção, introjeção, identificação, imaginário e repressão são essenciais, dentro da perspectiva psicanalítica, para tornar inteligível a cena organizacional.

A questão a ser analisada aqui são os laços que unem os indivíduos à organização. Laços que não podem ser vistos apenas como materiais, socioeconômicos ou políticos, mas também psicológicos, subjetivamente mobilizados. Segundo Freud (1930), a organização modela os impulsos e os sistemas de defesa individuais, tornando-se fonte de angústia e prazer. Esse é um dos aspectos mais evidentes do poder das organizações em influenciar o inconsciente.

No quadro a seguir, procuro dar visibilidade aos conceitos e às relações referenciadas na psicodinâmica do trabalho, que utilizo nesta pesquisa, para a compreensão e análise dos aspectos psicodinâmicos associados ao modo de relação com trabalho e ao processo de saúde.

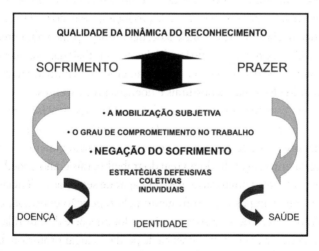

Figura 3 – Aspectos psicodinâmicos dos processos de saúde

No contexto de trabalho, o conteúdo das tarefas e a qualidade das relações com os pares e a hierarquia podem ser recursos tanto do prazer quanto do sofrimento para o trabalhador. Como pode ser visto na figura acima, o equilíbrio psicodinâmico entre prazer/sofrimento – operador tanto da saúde quanto do adoecimento – depende da margem de liberdade oferecida aos trabalhadores e da qualidade da dinâmica do reconhecimento da contribuição pessoal que o sujeito dá à organização do trabalho.

Além disso, algumas condições do ambiente de trabalho podem contribuir para o processo de adoecimento do trabalhador. Dentre elas, citam-se fatores inadequados no ambiente físico – mobiliário impróprio, ruídos, temperatura; fatores ligados à organização do trabalho – ritmo acelerado de trabalho, ausência de pausas, exigência de produção; assim como fatores psicossociais – estresse, ansiedade, depressão e, principalmente, conflitos de relação profissional (cliente – profissionais – chefes) e, ainda, aspectos relacionados às características individuais do trabalhador – vícios posturais e doenças preexistentes.

As estratégias coletivas de defesa (Dejours, 1999a) constituem uma forma específica de cooperação entre os trabalhadores, para lutarem juntos contra os constrangimentos e o sofrimento engendrado no real do trabalho, tais como o medo de acidente, a angústia de não ser capaz de seguir as cadências ou limites impostos, o sofrimento pela repetição contínua, o tédio, o medo de agressões, receio de dominação e da autoridade exercida pela chefia, ameaça de perda do lugar profissional, medo de demissão, entre outros.

As defesas de características individuais e coletivas promovem a resistência psíquica frente a determinadas formas de organização do trabalho, bem como a eufemização e certa anestesia do sofrimento, incrementando a aceitação e a tolerância do sofrimento no trabalho. De acordo com o grau de sofrimento frente aos constrangimentos e à qualidade da dinâmica de reconhecimento, as defesas coletivas construídas inicialmente para proteção dos efeitos de prazer podem adquirir efeitos de adaptação aos riscos e ao sofrimento e até de exploração do sofrimento pela organização do trabalho. Há um encadeamento progressivo entre: sofrimento → defesa protetora → defesa adaptativa → defesa explorada.

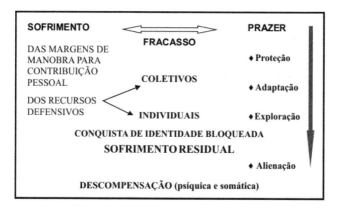

Figura 4 – Aspectos psicodinâmicos dos processos de adoecimento

Os coletivos são construídos a partir das defesas contra o sofrimento, a ponto de desencadearem sistemas específicos de defesa de ordem coletiva, que não podem ser assimilados ao que é conhecido como instrumento de defesa individual.

Os coletivos provenientes da defesa de proteção apresentam a tendência, pela via da sublimação, de manter uma relação de continuidade com o desejo. Já os coletivos provenientes de defesas adaptativas ao sofrimento, apresentam uma tendência em coartar a expressão do desejo, organizando a sua repressão. A transição do primeiro funcionamento para o segundo pode ser captada por uma espécie de trapaça: fazer com que a defesa seja percebida como desejo. A defesa construída para proteção acaba sendo percebida pelo sujeito como meta, como desejo, do qual ela não é herdeira.

Por outro lado, as organizações de trabalho costumam explorar o sofrimento e as defesas (defesa explorada) através de ideologias defensivas. Estimulam a cooperação em proveito da produção comum, atacando a qualidade das relações intersubjetivas entre os pares, usurpando o saber-fazer. Essa exploração da defesa pode ser observada na estratégia coletiva caracterizada pelo aumento do ritmo de trabalho.

O sofrimento, nessa dinâmica defensiva, pode gerar um processo de alienação, de antitransformação, de antissublimação. O destino desse sofrimento explorado é mais sofrimento, crise de identidade e desestabilização do equilíbrio dinâmico entre saúde e doença. Para Dejours (1988a), trabalho é possivelmente o "[...] único mediador eficiente do desejo no campo social" (p. 155), ou, em outros termos, seria o intermediário insubstituível entre inconsciente e o campo social.

Por uma clínica do trabalho na atualidade

O atual e elevado número de patologias relacionadas ao trabalho é um indicativo de que as pessoas, de modo geral, estão mais vulneráveis aos efeitos destrutivos de certos constrangimentos no trabalho?

De acordo com a hipótese de alguns clínicos, o aumento da frequência desses adoecimentos pode estar relacionado a uma tendência à diminuição da diferenciação das estruturas neuróticas e psicóticas da personalidade.

Porém, após trinta anos investigando o funcionamento das estratégias coletivas de defesa contra o sofrimento no trabalho, Dejours (2004) apresenta outra hipótese para o elevado índice de adoecimento.

A proteção à saúde e a capacidade de cada um resistir aos efeitos desestabilizadores do sofrimento não dependem apenas da estruturação psíquica individual, mas passam pela qualidade das estratégias defensivas coletivas elaboradas de forma solidária na luta pela saúde.

Apoiado na análise da psicodinâmica do trabalho, Dejours afirma que não são as estruturas psíquicas individuais que estão mais frágeis do que no passado, mas, sim, que a erosão das estratégias coletivas de defesa constitui uma perda considerável à saúde. O processo de desestruturação está ocorrendo na qualidade das relações sociais (laço social) das formas clássicas de solidariedade, nas estratégias coletivas de defesa.

Trabalhar não é apenas exercer atividades produtivas, como já afirmava Freud. Trabalhar é conviver, viver junto diariamente (trabalhar, como vimos, é 'fazer crochê enquanto se atende ao público'). O viver junto supõe, entre outras coisas, uma atenção à alteridade (reconhecimento do outro). Se a renovação do viver junto no trabalho fracassa, assumindo a forma de alienação – difundindo o individualismo confundido como ideal – o trabalho pode tornar-se uma perigosa força de destruição do espaço público.

Uma organização do trabalho deve preocupar-se com a eficácia da técnica, mas deve também incorporar uma racionalidade relativa à convivência, ao viver em comum, às regras de sociabilidade, à pluralidade (mundo social do trabalho), bem como uma racionalidade relativa à proteção e realização do ego (saúde e ao mundo subjetivo).

Diante dos constrangimentos do trabalho e da precarização das relações subjetivas de trabalho, todos ficam cada dia mais sós, sem o reconhecimento do outro, sem o exercício da alteridade. Para Dejours, "[...] todas as novas patologias relacionadas com o trabalho, hoje, são, antes, patologias da solidão" (2004, p. 17).

Perversão social e a banalização do sofrimento no trabalho

Assim como Calligaris e outros autores, bebendo na fonte de Arendt é que Dejours (1999a) procura uma integração entre o fenômeno da banalização do mal e os conceitos da psicodinâmica do trabalho. Desse acordo teórico, Dejours retira a sua compreensão para o fato de as pessoas, mesmo contra seus princípios, infligirem e/ou tolerarem de forma surpreendente o sofrimento.

Dejours identifica dois processos básicos de mobilização subjetiva que colocam uma pessoa numa posição na cena perversa de colaboradora do mal, mesmo não sendo perversa. Por um lado, pelo uso do medo e da ameaça de castração simbólica, presentes no discurso da virilidade (masculinidade), reconhecida pelo grupo como instrumento de banalização do mal e promotora da inversão de justiça. De outro, mediante a *racionalidade pática* (com condutas, ações, decisões) apoiadas em uma racionalidade, em ideologias construídas coletivamente e utilizadas pelo sujeito para a preservação de sua saúde ou para a realização de uma construção de identidade e de seu sentimento de pertencimento ao grupo.

Uso de estratégias defensivas coletivas

A abordagem clínica propiciada pela psicodinâmica do trabalho afirma que no centro do processo de banalização do mal está o sofrimento articulado às estratégias defensivas. Para negar o que sente, o sujeito desenvolve a intolerância para com o sofrimento alheio, perde a consciência dele pela cisão[12] entre sofrimento, (des)emprego e injustiça social. Apesar do fenômeno da cisão psíquica assumir em cada sujeito uma forma específica, segundo sua história particular, quando o setor excluído do pensamento é comum ao grupo em que está inserido o sujeito, o pensamento pessoal pode ser substituído por ideologias e estratégias defensivas construídas coletivamente no contexto de trabalho.

A origem da ação violenta, seguindo a reflexão do autor, está localizada nas estratégias coletivas de defesa mobilizadas frente ao medo e à ameaça da própria integridade física e psíquica, num contexto de relações sociais de dominação do qual não é possível desertar. A vivência do sofrimento permanece singular, mas as defesas, estas podem ser objeto de cooperação coletiva. O trabalho, além de ser a realização de ações subjetivadas (no sentido atribuído pela psicologia do trabalho francesa), é também um viver em comum. No trabalho as pessoas criam ações para enfrentar a defasagem entre a organização prescrita (tarefa) e a organização do trabalho real, constroem sentido à situação e ao sofrimento, ao próprio trabalho.

Dejours (1999a) identifica dois processos básicos na mobilização subjetiva para uma pessoa atuar, na cena perversa, como colaboradora da violência. Por um lado, o do medo da

---

[12] Cisão ou clivagem entre afeto e pensamento ou simplesmente a ausência do pensamento na consciência.

ameaça de castração simbólica, presente no discurso da virilidade (masculinidade) e facilmente reconhecido pelo grupo. De outro, condutas, ações, decisões, apoiadas sobre uma racionalidade construída coletivamente e utilizada pelo sujeito para: (1) a preservação de sua saúde física e mental, e/ou (2) para a realização de uma construção subjetiva de sua identidade e de seu pertencimento a um grupo.

A cultura empresarial, a publicidade e a mídia interna, em nome da "valorização"[13], criam comunicações distorcidas sobre o trabalho (a mentira organizacional), ocupando o lugar do não dito, do silêncio entre os trabalhadores sobre o *real* do trabalho, negando a descrição da atividade produtiva, do sofrimento subjetivo e da injustiça no trabalho. O sofrimento característico da ação gerencial surge com a construção da mentira organizacional, na imputação de sofrimento/injustiça ao outro e no apagamento de vestígios que evidenciam a mentira como, por exemplo, a exclusão e/ou o silenciamento de pessoas mais velhas (memória) e de pessoas portadoras de doenças do trabalho. O sofrimento característico dessa ação gerencial costuma ser negado e clivado no processo de racionalização, que costuma ser apoiado pelo discurso científico de metodologias organizacionais.

Tanto a noção de montagem perversa no social, descrita por Calligaris (1991), quanto a forma banalizada de tratar o

---

[13] Aquilo que, para todos os efeitos, uma empresa planeja e realiza em nome do bem-estar dos trabalhadores revela-se, em última instância, um planejamento que se realiza em prol do consumo de seus produtos ou serviços.

sofrimento na gestão do trabalho, foram antecipadas politicamente por Arendt, em sua cotidiana reflexão sobre a relação Homem e Mundo. Repassando, esse modo de pensamento foi iniciado com sua tese de doutoramento, *Origens do totalitarismo* (1989), seguida n'*A condição humana* (2000), e tornou-se cena particularmente incisiva, na escrita do seu polêmico *Eichmann em Jerusalém – um relato sobre a banalidade do mal* (1999). Aliás, no *Fausto*, Goethe antecipara esse traço perverso do homem moderno.

Em outras palavras, a temática da perversão social, descrita por diferentes autores na modernidade, remete fatalmente à imagem do ideal faústico do Fomentador, atuando em nome do desenvolvimento, do progresso e do pleno controle da sociedade e da natureza. Da mesma forma, a globalização, ao aproximar-se de um *totalitarismo democrático* generalizado, expressa a supressão da radical e necessária pluralidade e das diferenças constitutivas da vida humana.

O discurso do Um

O quadro presente da globalização faz ponte com as questões relativas ao laço social perverso, e de forma intrigante, através de imagens babélicas. Nesse sentido, a análise de Peter Sloterdijk sobre o mito de Babel, configura-se, segundo Jorge Larrosa (2001), como um dispositivo metafórico que dá sentido a essa experiência contemporânea, situando as questões da unidade e da pluralidade. A tragédia da condição humana no movimento vertiginoso do intercâmbio, do transporte e da pluralidade dos significados surge pela afirmação das diferenças em um mundo cada vez mais globalizado.

Hoje, vivemos como em Babel: uma irredutível multiplicidade de línguas de diversas culturas conjuntamente com uma explosão de unificação e homogeneização, manifestados pelo discurso e pelos ideais da globalização.

Nesse contexto está incluída a produção de sentido sustentada por discursos hegemônicos – que têm como consequência a produção social da identidade pessoal e coletiva em nome da globalização – que promove, no sujeito, o efeito de não pertinência discursiva e exclusão social. O enfraquecimento ou a negação dos referenciais simbólicos, que garantem a alteridade e, com ela, a singularidade, levam à memória das considerações de Freud (1913) em sua tradução do mito da horda primeva, sobre a possibilidade da vida comunitária só existir enquanto seus membros imaginarem a copertinência em uma ordem mais ampla.

O mito de Babel, relatado no *Livro do Gênesis*, conta sobre o castigo infligido por Jeová ao anseio das tribos judaicas em se constituírem como um só povo ao falar a mesma língua, como um exercício de excessiva unanimidade ou, em termos contemporâneos, como um exercício totalitário.

Para Larrosa (2001), o importante não é o que significa esse mito na realidade de Babel, mas os efeitos de sentido (ou de contrassentido ou não sentido), que construímos a partir dele.

Destaca a importância da construção de conhecimento que sustente uma ética da convivência que preserve, na pluralidade, a alteridade. Para tanto, propõe a construção de, mais e mais, pequenos relatos de convivência, no lugar de grandes relatos de emancipação. A questão a ser compreendida consistiria em como "[...] administrar as diferenças, identificando-as, e tratar de integrar todos em um mundo inofensivamente plural e ao mesmo tempo burocrático e economicamente globalizado" (p. 12).

3.

O GRUPO EN-CENA

A água do mar na beira do cais. Vai e volta e meia e vai
... o mundo é o mar. Maré de lembranças.
Lembranças de tantas voltas que o mundo dá.
Vevé Calazans e Jorge Portugal, na voz de Maria Bethânia.

A escuta de histórias de dor

Segundo a Organização Internacional do Trabalho[1], o fenômeno da violência moral[2] no trabalho, mesmo que ainda

---

[1] A Organização Internacional do Trabalho (OIT) é uma agência especializada nas questões do trabalho, vinculada à ONU – Organização das Nações Unidas, com representação paritária de governos dos 180 Estados Membros e das organizações de empregadores e trabalhadores destes Estados. O acesso ao escritório do Brasil pode ser feito no endereço www.oitbrasil.org.br.

[2] A violência moral no trabalho caracteriza-se por ações, gestos ou palavras que agridem de forma repetida a autoestima e a segurança, fazendo com que a pessoa duvide de si mesma e de sua competência, levando a danos capazes de ferir a personalidade, a dignidade e a integridade física e/ou psíquica, colocando em risco o emprego, a evolução da carreira profissional ou a estabilidade do vínculo empregatício. Este problema da violência moral, na pesquisa, encontra-se diretamente associado ao contexto discutido sobre a banalização do mal e o laço social perverso.

pouco documentado, assumirá nas próximas décadas sua face sombria, tendo em vista o crescente adoecimento dos trabalhadores por depressão, angústia e outros transtornos psíquicos, em geral relacionados com as novas políticas de gestão na organização do trabalho.

São denominadas patologias relacionadas ao trabalho, aquelas nas quais o trabalho se configura como um fator de risco adicional ou contributivo para o adoecimento. Essas patologias costumam ser definidas através de estudos epidemiológicos e de pesquisas interseccionais. Entre as patologias mais registradas junto à Previdência Social no Brasil estão os distúrbios osteomusculares relacionados ao trabalho (DORT's), ao estresse, à depressão, à ansiedade e a afecções do trato intestinal.

Apesar da caracterização inadequada e da subnotificação, os DORT's atingem, em vários países e profissões, valores epidêmicos, constituindo-se, como propõe nossa pesquisa (Martins, 2002), uma das expressões do sofrimento psíquico de nossa época.

Entre os aspectos psicodinâmicos na relação sujeito – trabalho – adoecimento, emerge a violência moral, relacionada ao contexto contemporâneo do trabalho. Para desenvolver a reflexão sobre essa temática, devo me apoiar em fragmentos escolhidos da fala de pacientes, todos sofrendo de patologias relacionadas ao trabalho (os DORT's, acompanhados por transtornos psíquicos, como depressão, fobias, ansiedade e síndrome do pânico).

> Quando as comunicações no trabalho são bloqueadas, quando o silêncio se impõe ou a mentira impera, quando não há espaço para discutir abertamente o que acontece nos locais de trabalho, a situação se deteriora e o sofrimento humano assume formas incontroláveis, que vai desde o puro cinismo até as manifestações de violência, individual e social. Só se for aberto um espaço de discussão, os problemas passam a poder ser, primeiro, falados e depois compreendidos e, quem sabe, solucionados. E falar de espaço de discussão é falar de assunto essencialmente político. (Dejours, 1999b, p. 11)

A característica contextual e polissêmica da linguagem é o que promove o caráter não linear e inacabado das técnicas interpretativas. A interpretação pode ser reinventada a cada trama engendrada, redescobrindo formas e conteúdos de possibilidades infinitas. Serão, por isso, as regularidades (movimentos e falas que se repetem), que sustentarão a interpretação dada em determinado cenário.

Dito dessa forma, o objetivo deste estudo é trazer – a partir da escuta psicanalítica do sofrimento e do saber contido na fala compartilhada dos trabalhadores – material para investigação e caracterização dos aspectos psicodinâmicos presentes no processo de adoecimento. Com essa finalidade, os registros clínicos foram elaborados a partir da narrativa dos trabalhadores em atendimento grupal junto ao Programa Multiprofissional de Atenção à Saúde do Trabalhador (PMAST–HU/UFSC)[3].

---

[3] Na formação do grupo, primeiramente houve uma etapa de intervenção diagnóstica: a) avaliação psicológica; b) avaliação cinesiológica; c) avaliação médica.

Na verdade, esta trajetória não se esquece de suas perguntas iniciais e, a esta altura, quero renovar e ampliar mais claramente seus termos. Por que cada vez mais e mais pessoas toleram situações profissionais que há algum tempo eram inaceitáveis? E, em nome de que, uns consentem em padecer, enquanto outros consentem em infligir o sofrimento?

Sobre os destinos do sofrimento

São as concepções de Dejours sobre sofrimento psíquico no trabalho, entendido como vivência subjetiva e afetiva intermediária entre doença (descompensação) e conforto psíquico (equilíbrio), que permitem a construção de uma visão clínica dos processos de subjetivação relacionados ao trabalho, a partir da posição do desejo articulado à organização do trabalho e ao uso de estratégias defensivas individuais e coletivamente construídas para mediação, enfrentamento e negação do sofrimento.

Nesse cenário, a organização do trabalho representa (decifra) a vontade de um Outro.

A seguir, outra etapa, de intervenção terapêutica em cinesiologia e psicodinâmica do trabalho, com um intervalo semanal. A coordenação ocorria, alternadamente, entre esta pesquisadora e um fisioterapeuta. Além disso, o PMAST foi campo de estágio curricular de estudantes do curso de graduação em psicologia da UFSC, ficando sob responsabilidade desta pesquisadora a orientação e supervisão local dos estagiários.

Marlene, cena 1: [...] *Eu gostava do meu trabalho, eu não entendo porque fiquei assim.* [...] *hoje eu me culpo um pouquinho porque no início quem não queria procurar o médico era eu. Eu achava que era só uma dorzinha e que tomando Novalgina passava* [...] *e fui deixando. Eu não queria parar de trabalhar* [...] *Durou um ano.* [...] *Quando eu vi, estava piorando, não conseguia pegar mais nada com minha mão. Foi quando eu reclamei para a empresa. Eles (empresa) me mandaram para um médico que diagnosticou LER e disse que eu tinha que sair da função.* [...] *Aí foi a vez da empresa: eles fizeram de conta que não era nada. E eu continuei trabalhando.*

Um dia meu braço inchou demais, ficou enorme. Fui ao médico no final do expediente. Ele disse que eu tinha que parar de trabalhar. Já estava complicado. [...] *Tinha uma funcionária no mesmo setor, com síndrome do túnel do carpo. Eles sabiam que era complicado, já estavam querendo pôr ela pra rua, e eu pensava: eu não posso ir pra rua. Porque a gente acha que vai melhorar.* [...] *No trabalho eu sentia dores e continuava trabalhando.*

O que acontece quando se dá escuta a Marlete? Ela – e as outras mulheres do grupo – falam de vivências associadas a uma patologia, agudamente marcada pela dor e desencadeada por vários distúrbios osteomusculares e que vem sempre acompanhada de sofrimento, ansiedade e depressão. São quadros clínicos, cenas enfim, resultantes de uma história singular da relação do sujeito com a organização do trabalho, permeadas por vivências de prazer e sofrimento e por sucessivas tentativas de adaptação ao seu trabalho. [...] *Eu gostava do meu trabalho. [...] Eu achava que era só uma dorzinha e que tomando Novalgina passava [...] e fui deixando. Eu não queria parar de trabalhar.* Mais do que isso, as pacientes também trazem uma experiência coletivamente determinada por suas relações no contexto do trabalho.

> **Marlene, cena 2:** [...] *Procurava fazer tudo perfeitinho... trabalhava com dor e não via.*

> **Graziela, cena 3:** [...] *Vou dormir toda contraída.*

> **Charlote, cena 4:** [...] *Com certeza a depressão me pegou. Até engordei dezoito quilos por acaso. Lógico que o meu emocional foi lá pro... só que ele [perito] negou a questão física.. eu não aceito. Eu tenho o emocional e o lado físico, eu também tenho DORT's.*

Primeiro, quero destacar alguns pontos sobre os dados colhidos na fase preliminar das entrevistas iniciais com as mulheres do grupo.

Além dos sintomas de dor, contraturas musculares – como relata Graziela (cena 3) –, redução da amplitude do movimento, redução do equilíbrio, da força muscular e limitações funcionais, todas as trabalhadoras entrevistadas apresentavam transtornos psíquicos associados ao adoecimento relacionado ao trabalho, tal como relata, por exemplo, Charlote (cena 4).

Além desses sintomas, as mulheres apresentavam alterações com diminuição da capacidade perceptiva corporal (cena 2), na qualidade do sono, no desempenho das funções cognitivas, nas relações interpessoais, no desempenho (limitação) das atividades laborais e cotidianas. Esses transtornos psíquicos, mesmo não sendo uma das principais causas do adoecimento, costumam estar associados às limitações e repercussões individuais e sociais do adoecimento relacionado ao trabalho.

Essas mulheres apresentavam características pessoais, culturais, escolares e profissionais bastante diferenciadas, trazendo com suas singularidades, para a dinâmica de funcionamento do grupo, uma condição de pluralidade: casada, divorciada, solteira, com filhos, sem filhos, de 23 a 52 anos de idade, de semianalfabetas até pós-graduadas, com atividades que percorriam vasta gama profissional: operadora de telemarketing, bancária, operária de linha de produção de serralheria, atendente de padaria, vendedora em centro de compras, agricultora, faxineira, técnica odontológica, enfermeira hospitalar[4].

---

[4] As pessoas que foram atendidas pelo PMAST assinaram um Termo de Livre Consentimento, sendo esse projeto de pesquisa e intervenção aprovado pelo Comitê de Ética da UFSC.

Afinal: somos todos iguais?!

Marlene, cena 6: [...] *Somos todas iguais?!*

O início dos encontros em grupo foi caracterizado por um movimento de "procura por semelhanças", onde as mulheres se sentissem "todas iguais". A partir da fala compartilhada das vivências de sofrimento psíquico e do processo de adoecimento relacionado ao trabalho, procurei demarcar o comum e o diferente na experiência de cada uma das mulheres. Dessa forma, nesse grupo eu procurava um movimento que ao mesmo tempo pudesse resgatar as singularidades e as alteridades nesse processo comum a todos: o adoecimento relacionado ao trabalho, acompanhado por uma experiência simbólica coletiva. Posso me lembrar, por exemplo: *ser perfeccionista ou* [...] *querer tudo certinho* versus [...] *só fazia o meu trabalho.* Ou [...] *gostava de meu trabalho,* [...] *sentia realizada* versus [...] *não era o trabalho que eu queria,* ou [...] *me sentia diminuída,* [...] *humilhada.*

A dinâmica do trabalho em grupo esteve orientada para o fortalecimento da mobilização subjetiva no enfrentamento dos transtornos psíquicos decorrentes do adoecimento e da perda da capacidade laborativa. Essa mobilização dava-se por uma ampliação do campo perceptivo sobre si mesmo, acompanhada por formas renovadas de como pensar os aspectos psicodinâmicos presentes no contexto de trabalho e na situação de adoecimento.

Nas atividades do trabalho, a ocorrência de vivências singulares parece comum, da mesma forma que o surgimento das estratégias defensivas, construídas inconscientemente, contra o sofrimento. De acordo com a psicodinâmica do trabalho (Dejours, 1988a), os homens não são passivos diante dos constrangimentos organizacionais, pois são capazes de se proteger nas situações nocivas a sua saúde. Ou seja, sob as mesmas condições de trabalho, ocorrem laços intermediários entre as pressões e as reações de defesa do sujeito. A vivência de sofrimento permanece singular, mas as defesas, essas podem ser objeto de cooperação coletiva.

As defesas, individuais e coletivas, promovem a resistência psíquica frente a determinadas formas de organização de trabalho, bem como sua banalização, como um tipo de recusa[5] da percepção corporal do sofrimento. Essas defesas constituem o cenário que permite a aceitação e a tolerância do sofrimento no trabalho.

Como tenho reiterado, para suportar as pressões e o sofrimento psíquico no trabalho, as pessoas constroem estratégias defensivas. Essas estratégias transformam o funcionamento psíquico da pessoa, alterando suas formas de existência, incorporando-se não só ao trabalho, mas inclusive a sua vida íntima, familiar. A banalização e a negação do sofrimento manifestam-se nas estratégias coletivas de defesa, mobilizadas frente ao

---

[5] Lembrando: essa recusa é característica do mecanismo da perversão.

medo e à ameaça da própria integridade física e psíquica, num contexto de relações sociais de dominação.

Movimentos temáticos recorrentes no grupo

A partir da fala compartilhada nos encontros do grupo, surgiram movimentos temáticos recorrentes, entre os quais destaco:

√ Resgate da singularidade, valorizando a diversidade e a pluralidade.

√ Prazer *versus* sofrimento.

√ Perfeccionismo *versus* responsabilidade.

√ Deteriorização das relações entre os pares em vista da precarização das condições de trabalho.

√ Exclusão social *versus* adoecimento.

√ O não reconhecimento do sofrimento em si mesmo e no outro – pelos colegas, pelas chefias. E, também, pelos médicos, em particular os médicos da perícia do INSS, e suas consequências no diagnóstico precoce, na aceitação da dor, da limitação, da readaptação ao trabalho e na exclusão social.

√ As dificuldades de diagnóstico e tratamento associadas às dificuldades no relacionamento com profissionais de saúde (em particular a perícia previdenciária).

√   Reconhecimento de uma vivência simbólica coletiva. A história singular de sofrimento de cada participante foi compartilhada e referendada coletivamente pela própria história das transformações na organização do trabalho das outras mulheres, possibilitando o reconhecimento do sofrimento pelos pares e um possível movimento de ressignificação da memória corporal, da história das relações no cenário trabalho.

Entre os testemunhos de sofrimento no cenário de trabalho, procurei nomear, a título de compreensão, fragmentos escolhidos de falas no grupo.

Exclusão Social

Mônica, cena 7: [...] *Eu fui obrigada a ir para a perícia... a empresa me exigiu. Primeiro, eu não quis aceitar que estava doente, e dois, fui obrigada a voltar a trabalhar. O meu quadro ficou mais crítico ainda* [foi demitida]. *Eu me senti injustiçada quando indeferiram o meu processo* [aceitação da CAT, revogação da demissão]. *Como poderia trabalhar com essa dor insuportável!! Aí eu passei por dois processos de depressão: um para aceitar a doença e outro quando eu me senti injustiçada. E aquilo ali realmente me abalou muito.*

Doença como denúncia

Mônica, cena 8: [...] *Essa história que ela fala que aqui dá pra falar isso e lá fora não, é verdade, porque só entende quem passa.*

Carol, cena 9: [...] *Quando eu estava lá dentro trabalhando, eles diziam pra todo mundo lá dentro não falar comigo. Já aconteceu isso antes, porque eu estive uma vez na perícia e fiquei quarenta e cinco dias. Quando eu voltei, eles pensavam que eu tinha ido pra rua.*

Apoiados nos movimentos temáticos recorrentes no grupo, foram delimitados alguns dos fatores implícitos no processo de adoecimento, dentre os quais destaco:

1) Os fatores organizacionais, tais como:
   √ Exigência de atenção permanente;
   √ Pressões pelo ritmo de trabalho acelerado;
   √ Pressões exercidas pelas chefias (ameaça/desqualifi-cação/ exclusão);
   √ Pressões por cumprimento de metas;
   √ Exigências posturais.

2) Os fatores pessoais que dizem respeito:
   √ À responsabilidade e ao comprometimento pessoal no trabalho;
   √ À importância do trabalho na vida, no grupo (iden-tidade social) e na constituição do Eu (identidade);

√ Ao pertencimento grupal – referências simbólicas (ideal do eu e eu ideal).

3) Os fatores relacionais, como:
√ O não reconhecimento pelo outro (principalmente chefias/empresa) do esforço pessoal empreendido no trabalho;
√ O não reconhecimento da dor e do sofrimento;
√ A não aceitação dos limites de movimento impostos pela dor – por si mesmo e pelo outro (chefias, colegas, profissionais de saúde e familiares);
√ A exclusão social e a agressividade sofrida, como manifestações de violência moral (falta de reconhecimento/desvalorização da imagem profissional e da pessoa, desqualificação e exclusão).

4) Entre os fatores coletivos, pude observar efetivamente, no grupo, o uso de estratégias defensivas coletivas contra o sofrimento, promovendo o adoecimento, tais como:
√ Aumento do ritmo de trabalho exigido pela organização do trabalho, sendo a prática da autoaceleração desejada pela organização e sustentada por ideais culturais;
√ A medicalização do sofrimento pelos trabalhadores, sustentada e promovida por práticas de saúde que não reconhecem a dor e o sofrimento em sua relação direta com o modo de trabalho.

A relação entre prazer/sofrimento no trabalho, tanto na representação gráfica[6] quanto na fala compartilhada, esteve configurada na mediação por:

√ Laços de pertencimento grupal referenciando a própria identidade;
√ Valores dados ao trabalho benfeito e ao cumprimento de metas cada vez maiores, ora visto como uma obrigação, ora como uma contribuição pessoal do trabalhador;
√ Clima de ameaça de emprego e exclusão.

Durante o processo grupal, pude observar que a qualidade da dinâmica do reconhecimento e a qualidade das relações sociais entre os pares e hierarquia apareciam significativamente alteradas por:

√ Pressões e transformações organizacionais;
√ Aumento do ritmo de trabalho e a dificuldade de estabelecer limites frente às pressões internas (responsabilidade, bom desempenho) e externas (chefia, metas, ritmo etc.) e os limites impostos pelo corpo;
√ Quebra de pactos de reconhecimento/reciprocidade/ solidariedade;

---

[6] Trata-se dos desenhos feitos pelas mulheres durante os encontros do grupo.

√ Autoaceleração e dificuldade de estabelecer limites frente às pressões internas (responsabilidade, bom desempenho), externas (chefia, metas, ritmo etc.) e os limites impostos pelo corpo;

√ Dor e limitações decorrentes do adoecimento e do afastamento do trabalho;

√ Desamparo-empresa/saúde/sindicato/sistema judiciário.

As manifestações de violência moral, vivenciadas pelo trabalhador no cenário de trabalho, eu pude observar nas falas:

Sabrina, cena 10: [...] *Como não posso trabalhar me sinto inútil... um nada... e os médicos, a empresa pensam que estou inventando... que é coisa da minha cabeça.*

Marize, cena 11: [...] *Com meu afastamento, o chefe proibiu de eu ir no trabalho e falar com meus colegas. Além disso, eles tinham que fazer o meu trabalho.*

Entre as conquistas obtidas pelo trabalho de grupo, preciso destacar:

√ Resgate da singularidade, valorizando a diversidade e a pluralidade;

√ Sensibilização e implicação subjetiva (conscientização) no modo de relação com o trabalho;

√ Reconhecimento da percepção do sofrimento, das tensões e das limitações;

√ Atenção com os cuidados e proteção das necessidades corporais, em especial as relacionadas ao sistema sensório perceptivo e musculoesquelético (maior respeito aos limites);

√ Percepção ampliada dos limites do corpo;

√ Compreensão do processo de adoecimento;

√ Uso de recursos de proteção à saúde nos processos de adaptação ao trabalho;

√ Conscientização do uso de estratégias defensivas contra o sofrimento;

√ Enfrentamento dos transtornos psíquicos decorrentes do processo de trabalho;

√ Formação de rede solidária entre as mulheres do grupo;

√ (Re)construção dos direitos de cidadão junto ao sistema de saúde e no cenário do trabalho. As mulheres passaram a manifestar uma atitude de enfrentamento em oposição às situações de violência moral.

Sobre a banalização do sofrimento no cotidiano de trabalho

O cotidiano de trabalho ocupa grande parte da vida das pessoas. Assim, laços de pertencimento grupal, que referenciam a identidade social, costumam estar associados ao trabalho, às relações sociais de trabalho e às escolhas gerenciais.

O sofrimento patogênico emerge durante um fracasso. Emerge do fracasso diante das limitadas margens de liberdade – para transformação, gestão e aperfeiçoamento da organização do trabalho – permanecendo, na situação de trabalho, apenas as pressões. Pressões cada vez mais rígidas e incontornáveis promovem no sujeito a repetição, a frustração, o medo e a impotência. Emerge, também, no fracasso da manutenção de relações de solidariedade, confiança e valorização da reciprocidade nas relações, empobrecendo a qualidade dos recursos defensivos coletivamente construídos. Nesse cenário, está presente o sofrimento que ataca a capacidade de pensar, de rememorar, de imaginar. De sonhar, inclusive. Nesse compasso, muitas vezes sem perceber, o sujeito adoece.

O aumento do ritmo de trabalho, experiência comum a todas as mulheres desta pesquisa, constitui uma forma de defesa frente à angústia de não ser capaz de seguir cadências ou limites impostos, frente ao sofrimento proveniente da repetição contínua, do constrangimento, do aborrecimento, do medo das agressões, do receio da dominação e da autoridade exercida pela chefia, da ameaça de perda de emprego, da exclusão e da agressividade.

As estratégias coletivas de defesa constituem uma forma específica de *cooperação* entre os trabalhadores, para lutarem juntos contra o sofrimento no trabalho. Mas, funcionam, ao mesmo tempo, como uma armadilha psicológica, incrementando a aceitação e a tolerância do sofrimento no trabalho.

Um indicativo de fracasso dos recursos defensivos para proteção da saúde pode ser caracterizado quando a defesa construída inicialmente para proteção passa a ser percebida pelo sujeito como desejo. Como, por exemplo, o desejo em atender ao ideal de metas exigido pela organização, aliado ao desejo de, por isso, ser reconhecido como bom funcionário. A prática da autoaceleração passa, enfim, a ser percebida pelo sujeito como desejo (meta da organização do aumento do ritmo de trabalho = desejo do sujeito), promovendo a alienação e a exploração do sofrimento pelas metas organizacionais.

Dessa forma é que as organizações do trabalho frequentemente exploram o sofrimento, apoiadas em ideais culturais do culto ao desempenho. Através de ideologias defensivas, estimulam a cooperação em proveito da produção comum, minando a qualidade das relações entre os pares, usurpando o saber-fazer, como pode ser deduzido na estratégia caracterizada pelo aumento do ritmo do trabalho.

Para corroborar essas considerações, ressalto aqui os dados colhidos na minha atividade clínica junto a trabalhadores do setor de prestação de serviços com diagnóstico de DORT's, nos últimos quatorze anos. Todos relatam em sua história profissional a prática da autoaceleração e o atendimento a um ideal de produção no seu modo de trabalhar, no período imediatamente anterior ao adoecimento.

Neste cenário revelam-se questões éticas da maior importância. O sofrimento pode gerar processo de alienação (e mais alienação). O infortúnio desse sofrimento explorado é mais sofrimento, crise de identidade e desestabilização do equilíbrio dinâmico entre saúde e doença, podendo levar o sujeito ao uso de processos defensivos com características ainda mais regressivas ou desorganizadoras (como doenças somáticas e psicose).

E, ainda assim, os trabalhadores, para manterem seus empregos, para não adoecerem, acabam "cometendo" atos que julgariam reprováveis em outras condições, tornando-se assim coniventes com a perversão de um sistema que ataca o próprio sentido de suas existências[7].

Por outro lado, o ritmo exigido pela organização do trabalho, um misto de autoaceleração com o incremento da cadência nas tarefas, é uma experiência comum a esse grupo. Essas experiências, por sua vez, são subjetivadas e vivenciadas de forma singular. O ritmo e a própria organização do trabalho alteram a forma dos laços sociais e do funcionamento psíquico das pessoas. Nesse sentido, é bom lembrar que, nas últimas décadas, as novas tecnologias provocaram uma redefinição na repartição das tarefas e uma menor flexibilidade na organização do trabalho. E, aliado diretamente a esse fato, é que se tem conhecimento de um aumento vertiginoso das doenças relacionadas ao trabalho.

---

[7] Lembrando: laço social perverso.

A intensificação das pressões e as exigências organizacionais, como foram referidas pelas mulheres do grupo, têm repercussões nos mecanismos de ajustes posturais. Todas elas apresentavam alteração da tensão muscular na região cervical, associada ou não a problemas de membros superiores. A exigência de postura estática ou dinâmica prolongada, principalmente sob pressão, altera o comportamento muscular, dificultando o seu relaxamento durante e/ou após a jornada de trabalho. Como expressa uma das mulheres: [...] *vou dormir toda contraída* **(Graziela, cena 3).** O ritmo acelerado de trabalho, inclusive, não permite que se percebam, quando em atividade laboral. Essa "recusa perceptiva" conduz à extrapolação dos limites do próprio corpo, como Marlene (cena 1): [...] *e, fui deixando.* [...] *Quando eu vi* [...] *não conseguia pegar mais nada com minha mão.* [...] *Eles fizeram de conta que não era nada. E eu continuei trabalhando.* À progressiva e insidiosa banalização do sofrimento, da violência e da injustiça, percebemos decrescerem as possibilidades de respostas de indignação e mobilização coletiva, em detrimento de uma ação efetiva em direção à solidariedade e ao senso de justiça.

[...] *Tinha uma funcionária no mesmo setor, com síndrome do túnel do carpo. Eles sabiam que era complicado, já estavam querendo pôr ela para rua, e eu pensava: eu não posso ir para rua. Porque a gente acha que vai melhorar.* [...] *No trabalho eu sentia dores e continuava trabalhando* (Marlene, cena 1). A negação do sofrimento no trabalho nesse cenário promove apatia e rejeição pelos desempregados e o correspondente sentimento de vergonha por aqueles que mantêm seus empregos. Esses sentimentos conflituosos desembocam em impossibilidade de exprimir e elaborar o sofrimento no trabalho, impedindo, segundo Dejours, a fala e o reconhecimento do sofrimento daqueles outros que estão sem emprego. Isto é, para negar (e suportar) o que sente, o sujeito desenvolve a intolerância para com o sofrimento alheio, perde a consciência dele, pela clivagem entre sofrimento, (des)emprego e injustiça social. O mal ou a violência podem ser promovidos pela clivagem entre afeto e pensamento, ou pela simples ausência de pensamento na consciência.

A violência moral repetitiva e prolongada tornou-se prática costumeira no interior das empresas, onde predominam o menosprezo e a indiferença pelo sofrimento dos trabalhadores e onde mesmo os adoecidos continuam trabalhando. Mediante as falas compartilhadas no grupo de mulheres, pude confirmar que o sofrimento psíquico e a violência moral estão estreitamente ligados ao processo de adoecimento no trabalho.

A reflexão sobre as vivências de prazer/sofrimento relacionadas ao trabalho, incluindo as associadas ao desconforto físico, deu lugar, no espaço intersubjetivo de discussão, à visibilidade e à produção de sentido dos processos de saúde e adoecimento relacionados ao cenário de trabalho. O reconhecimento pelo outro e por si mesmo do valor da percepção mostrou-se fundamental para o processo de ressignificação da memória individual e coletiva e o consequente movimento de reorganização psíquica. Esse processo permitiu, mediante o resgate das memórias das mulheres e, de forma variada e singular, um reposicionamento da mobilização subjetiva em direção à saúde.

A *experiência do grupo anunciada em sonho*

Durante um dos últimos encontros, antes do encerramento das atividades do grupo, Marlene contou ao grupo um sonho:

Marlene, cena 11: *Essa semana eu tive um sonho estranho que não me saiu da cabeça. [...] Eu estava trabalhando num engenho de farinha. Daqueles da época da escravidão. Era um lugar antigo, desses que ainda têm no interior, tipo engenho para fazer farinha de mandioca. Eu ficava andando em círculo carregando com os braços e o pescoço o peso da roda para fazer funcionar o engenho. Eu não podia sair dali, não tinha liberdade de sair na hora que eu quisesse [...] Estava eu e outra pessoa que eu não sei quem é. Só, que estranho, a gente usava uma canga, como os animais, como fazem com boi, com cavalo. [...] A gente andava em círculo, como animal, fazendo a roda girar para esmagar a mandioca e fazer farinha. Carregava a canga sem parar. Aí, eu comecei a sentir dor... essas minhas dores. Eu senti dor messssssmo, o meu corpo ficou todo duro, como costuma ficar quando não estou bem. Eu nem conseguia me mexer. Dormindo eu tentava me mexer e não conseguia, foi agonizante... eu não conseguia me mexer. Fiquei até com a boca seca... acho que de tanto gritar e ninguém me escutar. [...] Daí, de repente apareceu* *um poço d'água no meio da roda que eu estava 'encangada". Um poço do tipo artesiano, com manivela para puxar a água de balde. Aí no sonho eu saí da canga e em vez de pegar a água com balde eu mesma mergulhei no poço. Só que aconteceu uma coisa incrível, eu não me afoguei. Eu fiquei nadando embaixo d'água como se eu fosse um peixe. A dor diminuiu e eu podia me movimentar livremente, eu conseguia fazer todos os movimentos com os braços. Fazia os movimentos que eu não consigo por causa da LER. Movimentos que eu não consigo mais [começa a chorar]. Mergulhada na água eu consegui me movimentar, fazer as coisas. Engraçado que eu sempre tive medo d'água, achava que eu ia me afogar.*

[...] Eu ainda sofro muito por não conseguir fazer as coisas.

[...] acho que lembrei do sonho por causa dessa nossa história de sermos os peixinhos no açude se protegendo mutuamente contra a fome do Jack.

Primeiro cabe esclarecer que, um ano antes desse sonho de Marlene, Jack era um pequeno jacaré que descobriu um caminho, pela tubulação, para vir do mangue até um pequeno açude com peixes, que ficava próximo ao local dos encontros com o grupo. Durante todo aquele ano, enquanto as mulheres vinham aos encontros semanais do grupo, observávamos o desenvolvimento do jacaré-Jack, que crescia e crescia. Enquanto isso, numa das sessões de encerramento dos encontros em grupo, uma das mulheres, a Mônica, chamava a nossa atenção para a organização dos peixinhos que, no açude, em grupos, procuravam se proteger do Jack – a essa altura, um jacaré de razoável porte.

Sobre o sonho. Para Marlene, no início, o "trabalhar como animal" constituiu-se por muito tempo como uma fonte de reconhecimento: "é um bicho para trabalhar", assim seu antigo chefe (um criador de cavalos nas horas vagas) costumava designar Marlene, reconhecendo e ressaltando a força de seu trabalho. Sua exigência excessiva na realização de um trabalho por muito tempo fora uma exigência primeiro em relação a si própria. A mesma fragilidade que um dia levou ao adoecimento foi a força do envolvimento no trabalho benfeito, capaz de grandes e elogiáveis desempenhos.

Após um processo tenso de transição, no qual a empresa foi desmembrada em várias pequenas empresas, Marlene começou a apresentar sinais de estresse e adoecimento, sinais esses vistos como inadequados pelos novos gestores. Submetida ao novo ritmo imposto pela empresa a fim de escolher "os melhores", Marlene adoece e é demitida durante o período de seu auxílio-doença. A servidão (escravidão) ao ritmo imposto pela organização do trabalho (canga na roda) aproximou Marlene (assim como as outras mulheres do grupo) de sua fragilidade e, finalmente, aquele corpo até então obstinado, mortifica-se e adoece.

Marlene chegou ao grupo dura e rígida, com mobilidade cada vez mais restrita, 'carregando a canga' de sua servidão ao trabalho. Penso que a sede pela vida levou Marlene a mergulhar na proposta do grupo, fazendo-a um dos "peixinhos no açude", conquistando para si um espaço de escuta, reconhecimento e solidariedade. A dor e o sofrimento pelo adoecimento e pela perda do lugar profissional tinham-na transformado, como disse, numa mulher dura, ou melhor, "encangada" e "pronta" para voltar ao trabalho a qualquer momento. A luta de Marlene fazia-se, àquela altura, através de suas defesas fóbicas contra um processo depressivo, vivenciado como um provável "afogamento em lágrimas".

Com o seu afastamento do trabalho, entre as dores sentidas e recusadas, vieram as crises de angústia, a falta de ar. Ela já não podia subir em lugares altos, entrar em elevador, não suportava a aproximação de cavalos e nem acompanhava mais o namorado aos rodeios. Acontece que, em sua fala, cavalos estão diretamente associados ao chefe da antiga empresa, um homem (lembram-se? um criador de cavalos) cuja figura fora fundamental na constituição da identidade dela no cenário do trabalho. Segundo ele, Marlene era "um cavalo para trabalhar" e isso, pelo que se entende, denotava sua admiração pela força de trabalho da funcionária. Ao "criador de cavalos", Marlene destinara uma força selvagem que a levou à submissão e, sem perceber, ao seu adoecimento. Essa força, ao voltar-se contra ela, tornou-se seu reverso – sua fragilidade.

Marlene entregou-se à nova empresa na condição de escravidão, que caracteriza aquele que carrega uma canga sobre os ombros. Uma situação, sob qualquer aspecto, decididamente dolorosa. Foi assim que ela chegou para os encontros em grupo – com muitas dores e sem trabalho, em desdobrado sofrimento. Por fim, próximo ao fechamento dos encontros em grupo, aparece o sonho. Jack, que acompanhara e fora acompanhado pelos movimentos do grupo de mulheres, ameaça com sua voracidade a sobrevivência dos pequenos peixes. No sonho, ameaça igualmente Marlene que, à semelhança do pequeno cardume no açude, evoca uma estratégia inusitada de autoproteção. A canga desapareceu e ela se vê "mergulhada no poço", entregue à água. O medo "do afogamento" se esvai e Marlene, surpreendida, percebe-se imersa e sem dor. A força do cavalo em sintonia com a leveza, a mobilidade fácil dos peixes.

No cenário em grupo, ao entrar em contato com vivências de prazer e sofrimento que reconstruíam sua memória, a história de Marlene viu-se entrelaçada com as histórias das outras mulheres, levando-a[8] à experiência de conquista da memória do seu corpo. Anunciava o sonho uma libertação conquistada. Marlene também encontrava uma forma mais efetiva e menos dolorosa de enfrentar o "seu Jack" (interior).

---

[8] Com a perda do lugar profissional, desprovida de adequados recursos defensivos, Marlene fica imobilizada, em profundo sofrimento. Este sonho, entretanto, ocorreu às vésperas do encerramento do grupo e mostra, com clareza, que Marlene, depois da sua experiência no grupo, elabora a situação de perda de maneira bastante diferenciada da anterior. Desta vez, no lugar do sofrimento e da dor, Marlene sonha.

4.

Entre o cenário e a trama: o corpo (en) cena

Onde eu nasci passa um rio.
que passa no igual sem fim.
Igual sem fim minha terra,
passava dentro de mim.
[...] O rio só chega no mar,
depois de andar pelo chão.
O rio da minha terra,
deságua em meu coração.
Caetano Veloso, na voz de Maria Bethânia.

No texto "Entre a alteridade e a ausência: o corpo em Freud e sua função na escuta do analista", Maria Helena Fernandes (2006) ressalta a centralidade do corpo na construção teórica freudiana, sob a regência de uma dupla racionalidade – a do somático e a do psíquico –, articulada pelo desejo inconsciente, construindo uma abordagem própria do corpo na qual a alteridade é um elemento-chave.

Para essa autora, as reflexões sobre as relações entre corpo e inconsciente devem ser ampliadas para além da lógica do recalcamento, sendo necessário explorar os desdobramentos teóricos/clínicos ligados, por exemplo, aos mecanismos da dissociação e da recusa, que alcançam novos desdobramentos nos últimos textos de Freud. O leitor poderá acompanhar, mais adiante, a ampliação dessa reflexão através do pensamento de Dejours sobre as relações entre corpo e inconsciente no processo de somatização, a partir da clivagem (dissociação) do inconsciente.

As primeiras experiências de satisfação (prazer) e de frustração (desprazer) constituirão as marcas da memória, que serão formadoras do aparelho psíquico (função mental), transformando a criança em um ser desejante. Ao se distanciar da premência da necessidade biológica[1], vai constituindo-se como sujeito. O corpo é atravessado pela linguagem. Torna-se a criança, neste processo, sujeito de seu desejo.

O investimento libidinal no corpo da criança, realizado pela mãe ao torná-lo erógeno, permite o acesso à simbolização e à constituição de um corpo próprio – "meu corpo" – com uma história singular. O desenvolvimento do corpo erótico é resultante de um diálogo do corpo e suas funções, baseado em cuidados corporais feitos por esse outro maternal. O autoerotismo abre passagem em direção ao narcisismo, com a

---

[1] Para Jacques Lacan (1953), as necessidades biológicas "puras" ficariam para sempre perdidas, já que serão sempre demandas através de significantes (ordem simbólica) que vêm do Outro - código da linguagem, cultura, pai, mãe.

constituição de um corpo unificado que vai em direção ao amor objetal. Num primeiro momento o corpo da criança é objeto de investimento libidinal da mãe e, num segundo momento, é objeto de investimento libidinal do próprio sujeito. É o outro o polo investidor que vai transformar o corpo biológico em corpo erógeno.

Em "Inibições, sintomas e ansiedades", Freud (1926) afirma que o desejo pelo objeto perdido vivenciado de forma insaciável devido à ausência de investimento pelo outro pode ser experimentado como dor (física) no corpo. A passagem da dor do corpo à dor da alma corresponde à mudança do investimento narcísico para o investimento de objeto[2]. *Essa dor dói, sinto no corpo, dentro da carne*, como narra Carolina, uma das mulheres apresentadas por este estudo. Afetado pela ausência do outro, o corpo dói.

A *subversão libidinal*

Nos trabalhos *O corpo entre a biologia e a psicanálise* e *Repressão e subversão libidinal*, elaborados a partir de sua experiência clínica do referencial teórico freudiano sobre o funcionamento psíquico e dos estudos da Escola de Psicossomática Francesa[3], o

---

[2] Fernandes (2006) ressalta que a ideia da ausência do outro está na origem da abordagem freudiana da dor.

[3] Remeto o leitor aos estudos da escola de psicossomática psicanalítica desenvolvidos a partir de Pierre Marty.

psicanalista Christophe Dejours (1988,1991) desenvolve densa reflexão teórico-clínica sobre as relações entre o psíquico e o somático, apresentando novas ideias sobre o processo de somatização. Propõe progressivamente diversas hipóteses, tais como: o sentido da somatização, a somatização simbolizadora, o papel da violência na somatização, a distinção entre corpo fisiológico e corpo erótico, a homologia entre as duas teorias freudianas das pulsões, a homologia da autoconservação e a pulsão de morte, o papel central do apoio como operador da subversão libidinal, o lugar da clivagem e a terceira tópica. Defende, ao final, que as relações entre o psíquico e o somático sejam vistas como um jogo de subversão do erótico diante do biológico, de *Eros* diante de *Bios*, dentro de um processo diabolizador.

A seguir, procuro um delineamento sobre as hipóteses desse autor a respeito dos processos de somatização a partir do mecanismo da clivagem – característico da perversão –, com o intuito de que essa reflexão possa trazer subsídios para a compreensão sobre os processos de adoecimento investigados no curso deste trabalho.

A *metáfora do moinho*

Para Dejours, a função de apoio (descrita por Freud) caracteriza-se por um processo de *subversão libidinal* da função fisiológica, no sentido de derivação de finalidade. A criança, ao nascer, por intermédio da relação com o outro maternal, sofre um processo de colonização subversiva de suas funções fisiológicas na construção de seu corpo erótico. Essa colonização tem sempre um caráter inacabado e com falhas inevitáveis inerentes ao curso desse desenvolvimento, configurando-se como um processo contínuo. O corpo erótico está sempre por reconquistar sua subversão libidinal.

Para explicar o impacto do apoio subversivo sobre a saúde do corpo, Dejours descreve, ainda nas obras citadas, a atividade de um moinho[4], criando a metáfora seguinte.

Um observador frente a um moinho / engenho[5] pode visualizar como parte da energia da água é desviada pelas pás da roda. O movimento da roda produz um trabalho que é usado para fabricar/ transformar a energia mecânica da água em energia elétrica e/ou mandioca em farinha. Por analogia, o moinho representa o aparelho psíquico, e a farinha ou energia elétrica comercializada representa a vida erótica. A função de apoio está representada pela roda com pás que gira desviando a energia do rio, transformando-a, subvertendo-a.

Essa metáfora do moinho permite a visualização de uma imagem representativa da tese central da psicanálise, segundo

---

[4] Moinho é um engenho composto de duas mós sobrepostas e giratórias, movidas pelo vento, por queda d'água, animais ou motor, destinado a moer cereais. Moinho designa também o lugar onde se acha instalado esse engenho. No Brasil, o moinho é também conhecido como engenho, engenho de açúcar, engenho de farinha, engenho d'água.

[5] Engenho (subst.) também designa a faculdade inventiva, o talento, habilidade, destreza. A argúcia que diz respeito à inteligência corporal está sob a ordem de Métis, conforme discuto no capítulo sobre os fundamentos para uma clínica do trabalho.

a qual a única fonte de energia é a instintiva (instintos de conservação na primeira teoria das pulsões e instinto de morte na segunda teoria). O rio continua a ser rio, mesmo com a construção do moinho. Ou seja, o corpo instintivo, o corpo das grandes funções fisiológicas de conservação, permanece mesmo que sofra algumas modificações, transformando-se em energia libidinal (pulsão sexual). O rio apenas cede parte de sua energia.

Nessa imagem, o observador pode facilmente visualizar o impacto do desvio de energia no destino do rio (corpo instintivo). Esse desvio pode, nos períodos de cheia, desafogar o leito do rio, seus diques, modificando a situação das terras mais abaixo. Por outro lado, o observador pode constatar a inércia das pás da roda do moinho sob os efeitos dos movimentos de cheia e vazante representando os efeitos das variações do fluxo instintivo no aparelho psíquico e na economia erótica, assim parcialmente liberta dos ritmos biológicos.

Com a metáfora do moinho – transformador e subvertedor da energia em prol da vida mental – Dejours introduz a hipótese de que o bom funcionamento da função de apoio e do aparelho psíquico, bem como o sucesso da subversão libidinal são capazes de refrear a economia do corpo fisiológico, oferecendo-lhe um escoadouro psíquico. Em outras palavras, nas relações entre o funcionamento mental e o funcionamento biológico, o corpo inteiro está presente.

Através dessa imagem, o autor procura exprimir como compreende um processo de somatização, na qual, como já falamos, o aparelho psíquico é o moinho; o corpo é a paisagem rural nos arredores do rio.

O sistema nervoso central é o leito do rio, seus braços, suas bifurcações e os canais de irrigação que ele alimenta. A excitação transmitida pelo sistema nervoso central que chega até os órgãos está caracterizada pela corrente fluvial e pela energia da água. Já os efeitos da transformação subversiva são observados não apenas na fabricação da eletricidade/farinha, a partir do desvio de parte da energia mecânica do rio, mas também no impacto ambiental do território abaixo do rio (na agricultura, na economia rural, até mesmo na geografia física). Ou seja, um processo que, no início, é essencialmente funcional (apoio subversivo) tem consequências que se materializam: a subversão libidinal conduz, em última instância, a modificações anatômicas (modificação da geografia física). O psíquico, por intermédio da função de apoio, consegue cristalizar-se, a ponto de se tornar orgânico.

Vamos nos lembrar que uma imagem do moinho/engenho está presente no sonho de Marlene, abordando de forma própria a dinâmica interna de seu processo de somatização, construída em sintonia (memória) com acontecimentos corporais, com sua história (pessoal e coletiva), dentro de um cenário fantasmático singular. Enfim, encenando em sonho os teatros do eu e os teatros do corpo (McDougall, 1991).

As aptidões do sujeito para entrar na ordem erótica, assim como suas fragilidades fundamentais onde se cristalizam os pontos de recurso à somatização são derivadas desse processo. "O corpo tem uma história singular que implica pelo menos duas gerações" (Dejours, 1991, p. 118). Ali, onde o corpo erótico não pode ser construído resta um corpo animal sob a primazia dos ritmos biológicos e instintivos. Nesse cenário, a sexualidade psíquica e a economia erótica são frequentemente ameaçadas pela perda do *apoio* pulsional, gerando um movimento contrae-volutivo de desligamento, podendo levar a descompensações.

A experiência de Dejours na clínica psicossomática fornece indicativos para sustentar a afirmação de que frente a certas perturbações do funcionamento psíquico que alteram a eco-nomia do corpo erótico ocorre o risco de doenças somáticas. O desapoio da pulsão tem a potencialidade de facilitar uma somatização. Assim, as doenças somáticas não seriam resultado exclusivo de anomalias fisiopatológicas, mas, eventualmente, o resultado de processos psicopatológicos centralizados na desorganização da economia erótica.

Seguindo com a metáfora do moinho. Por exemplo, uma crise acompanhada de rompimento com o parceiro comercial do moinho (o comprador) fornece a imagem dos possíveis efeitos sob a economia erótica decorrentes de uma crise na vida amorosa acompanhada de rompimento. O parceiro co-mercial ao comprar farinha/energia de outro, deixa de apoiar a produção do moinho. A ausência desse parceiro comercial repercute nas atividades desenvolvidas no moinho e arredores. A barragem do moinho passa a ficar inativa e se deteriora, o rio retoma seu curso primitivo e as cheias e vazantes não são amortecidas. O ambiente ao redor e a nova produção agrícola ficam à mercê dos ritmos instintivos de difícil controle. Os estragos são graves. O corpo sofre um processo de somatização.

O intermediário entre a água do rio (ritmos instintivos) e a morfologia rural em volta da barragem (o corpo visceral) é o leito do rio (SNC). Os benefícios relacionados ao leito do rio nas terras vizinhas – canalizações, diques, drenagens e irrigações regulares – dão subsídios para a realização de grandes obras e representam a maturação e o desenvolvimento do sistema nervoso central (SNC). O desenvolvimento desse sistema assegura a transmissão e a coordenação de diferentes funções da ordem visceral e da ordem cognitiva. Eis, então, a busca do equilíbrio dinâmico da integração psicossomática. A função de apoio utiliza o sistema nervoso central como instrumento de mediação necessário, mas não suficiente para a subversão. O programa funcional psíquico é o responsável pela colonização dos órgãos por intermédio do princípio da integração do órgão à função.

Para Dejours, integração entre a ordem psicológica e a ordem biológica acontece pela subversão libidinal, com características diabólicas. Diabólica, no sentido etimológico do termo, em oposição ao simbólico, essencialmente fadado à separação e ao deslocamento. A ordem psicológica nunca se libertaria da lógica biológica, pelo contrário, se alimentaria dela, se renovaria, ou até, se faria aprisionar.

Ao caracterizar a subversão libidinal como "diabólica", enfatiza o fato de que a ordem psíquica da sexualidade (libido) não simboliza o biológico, opondo-se ao monismo "somatopsíquico". A simbolização assume o lugar daquilo que foi separado ("diabolizado") para construir novos laços. A simbolização só intervém no território dominado pela ordem psicológica. Defende uma concepção do fenômeno psicossomático, pela qual não haveria doenças psicossomáticas, mas sujeitos em corpos singulares com suas ordens e desordens.

A subversão libidinal de uma função por outra ocorre no local do órgão. A integração do órgão à função resulta de uma aprendizagem, cujo resultado é tão variável e singularizado quanto mais elevada aparece a hierarquia funcional. Porém, essa integração logo deixa de ser unicamente funcional, considerando que a colonização subversiva se cristaliza, fixa-se no orgânico, anatomiza-se de forma relativamente duradoura.

Na imagem do moinho, os estragos decorrentes da crise com o parceiro comercial atingem mais facilmente as canalizações (menos resistentes) que garantem a agricultura local, do que o leito do rio, ainda protegido pelos diques. Enfim, em termos psicopatológicos, quando o estrago atinge menos o sistema nervoso central do que as vísceras que ele controla, estamos diante das chamadas doenças somáticas.

As forças instintivas, aqui representadas pelo rio, são conhecidas em psicanálise pelo nome de instinto de conservação, mas trazem em si um poder mortífero e destruidor. Os instintos de conservação são homólogos à própria pulsão de morte. A operação de subversão libidinal dá acesso à intersubjetividade, ao corpo erótico e à constituição do sujeito desejante. A intersubjetividade confere uma fragilidade em relação ao patrimônio animal, que diante de uma falta de subversão libidinal bem consumada (insuficiente), condena o homem a ser vítima de suas próprias forças vitais que, então, voltam-se contra a sua saúde.

Porém, as formas que revestem o processo de contraevolução, que leva à descompensação, estão relacionadas à estabilização dessa organização erótica. A escolha do órgão afetado pela descompensação depende de alterações relacionadas à subversão e ao consequente processo de construção do corpo erótico. Ressaltamos que a construção desse corpo erótico se apoia tanto nas funções endócrino-metabólicas quanto nas funções motoras e cognitivas, como já pontuava Freud.

O corpo biológico é alvo dos processos de somatização e o corpo erótico constitui-se como o terreno da subjetividade, com uma história de acontecimentos corporais, pessoais e coletivos, repleto de possibilidades de sentidos. Cabe sinalizar que diante do sofrimento por circunstâncias internas ou externas, que ultrapassam nossos modos de resistência[6] (defesas), nós todos tendemos a somatizar, isso é, a reagir ao sofrimento através de manifestações psicossomáticas.

A teoria psicanalítica propõe uma topologia do aparelho psíquico (primeira e segunda tópicas), uma concepção econômica das forças que se enfrentam entre os sistemas e instâncias, princípios de regulação dessas forças por intermédio

---

[6] Na teoria psicanalítica, as cisões (clivagens), as repressões e o recalcamento são distintas modalidades defensivas contra o intolerável, o inadmissível, o ambivalente na experiência humana.

de processos defensivos (mecanismos de defesa e uma genética da construção desse aparelho psíquico). O conjunto coordenado desses elementos compõe a metapsicologia que, por ser dotada de certa regularidade, é passível de generalizações. Para explicar os fenômenos psíquicos, Freud, a partir dos ensaios de 1915, ressalta a importância da investigação analítica em três níveis: dinâmico[7], tópico e econômico.

Porém, ao tratar pacientes que não evoluem no sentido estrito das neuroses – como os psicóticos e "caracteropatas" –, vários psicanalistas insistem na dificuldade, ou mesmo impossibilidade, de proceder à interpretação do discurso deles em termos da dinâmica dos conflitos, porque a dimensão conflituosa é descontínua ou ausente, quebrada de alguma forma pelas falhas do funcionamento psíquico.

Nessa perspectiva, os estudos desenvolvidos por Pierre Marty e seus colaboradores, desde os anos de 1950, junto à Escola Psicossomática de Paris, através de conceitos como *pensamento operátório*[8], *depressão essencial*[9] *e desorganização*

---

[7] É o nível dinâmico que permite decifrar o discurso do paciente em termos de conflitos psíquicos.

[8] Pensamento Operatório alude ao empobrecimento da capacidade de simbolização das demandas pulsonais e de sua elaboração através da fantasia, com predominância de um tipo de pensamento extremamente pragmático com aderência factual à realidade, sem possibilidades de duplo sentido.

[9] A presença de Depressão essencial refere-se a uma incapacidade ou deficiência no funcionamento defensivo do Eu precedida de angústiasdifusas, angústias arcaicas e automáticas, levando à utilização do pensamento operatório no intuito de abrandar os acessos de angústia.

progressiva[10] (Volich, 1998) enfatizam a falta de sentido do sintoma somático, compreendendo-o sob o ponto de vista econômico. O pensamento operatório (deslibidinizado e concreto) e a depressão essencial são indicativos de deficiências na dinâmica psíquica, podendo evoluir para desorganizações cada vez mais regressivas, manifestadas através de patologias somáticas.

Estes estudos ressaltam a importância da capacidade de *mentalização* como reguladora da economia psicossomática. O aparelho psíquico realiza a regulação das energias instintivas e pulsionais, libidinais e agressivas através de operações simbólicas (a mentalização), destacando a importância da atividade fantasmática, onírica, e da criatividade para o equilíbrio psicossomático.

A clínica desses especialistas em psicossomática vem ao longo desses anos mostrando o quanto, frequentemente, é preciso renunciar à análise dinâmica dos conflitos em favor da análise sob o ponto de vista econômico. As falhas econômicas levam certos analistas a abdicar das interpretações clássicas em direção ao material representado e simbolizado, para não correr o risco de desorganizar uma trama simbólica muito frágil, e por temer promover a báscula do paciente no traumatismo.

Analisar sob o ponto de vista econômico consiste, por um lado, em privilegiar a localização das invasões do paciente pela

---

[10] A *Desorganização Progressiva* caracteriza-se pelo uso de recursos cada vez mais regressivos no intuito de alcançar uma situação de equilíbrio para escoar a excitação acumulada no aparelho psíquico.

excitação anárquica não canalizada dos conflitos (inexistentes); e, por outro, dar prioridade a intervenções que propiciem a proteção contra essa invasão. Dessa maneira, situa o analista no registro da relação de paraexcitações.

Na função de paraexcitação o analista associa, por um lado, intervenções visando à evacuação não traumática do excesso de excitação, propondo ao paciente a formulação de representações que ele não consegue produzir sozinho e, por outro lado, intervenções estimulando zonas potencialmente ativas da vida psíquica.

Apesar de considerar esses conceitos da Escola de Psicos-somática de Paris como referências clínicas fundamentais, Dejours destaca a incidência cada vez mais frequente, na sua clínica, de fenômenos de somatizações fora das situações des-critas por esses conceitos, levando-o a formulações de novas hipóteses para pensar os acontecimentos clínicos.

Do ponto de vista teórico-clínico, Dejours (1991) defende a possibilidade de rastrear o sentido e permanecer no nível dinâmico, em situações nas quais outros autores da psicos-somática psicanalítica consideram conveniente renunciar à interpretação do sentido e mover-se sob o primado no nível econômico. Ressalta a importância da interpretação de sentido nas somatizações para além das formações desejantes, como é feita no sintoma neurótico. O sentido da somatização deve ser buscado pela via da transformação da violência compulsiva e das moções de destruição no sujeito.

A *tópica da clivagem do inconsciente e os processos de somatização*

Na obra *O corpo entre a biologia e a psicanálise*, Dejours (1988c), apoiado na clínica de pacientes com doenças crônicas, nos estudos sobre angústia, memória e sonho, bem como nas concepções metapsicológicas do aparelho psíquico desenvolvida por Freud, vai tecendo seus aportes para a compreensão metapsicológica do processo de somatização. Com esse objetivo, acaba propondo uma terceira tópica integrando diversas modalidades de reações aos conflitos psíquicos. Esse esquema procura acrescentar, ao lado da concepção dinâmica e econômica, a concepção topológica dos sistemas psíquicos desenvolvida por Freud.

Nesses termos, inicialmente temos de imaginar um encadeamento que parte do polo perceptivo (sem memória), passa pelos traços mnêmicos, depois pelo inconsciente, até finalmente atingir o pré-consciente. Nesse desenvolvimento topológico linear, o sistema perceptivo está mais próximo do inconsciente que do pré-consciente, do qual ele o separa. Posteriormente, Freud separa o inconsciente primário (ICs Iº) do inconsciente secundário ou recalcado (ICs IIº). O inconsciente recalcado e representado deixa-se conhecer pelo pré-consciente – através de retornos do recalcado e as representações de palavra – e o inconsciente primitivo permanece, por definição, não representado. Dejours ressalta que é no nível do inconsciente recalcado (ICs II º), de onde são delegadas as representações no pré-consciente, que entra em jogo a função de *apoio* da pulsão.

Na falta do apoio, o conflito sistêmico pode ser localizado entre o sistema inconsciente e o sistema percepção-consciência, instalando a primazia do real nessas zonas do inconsciente primário. Dados clínicos, elencados por esse autor, indicam que quando a atividade de pensar é atacada, os movimentos corporais buscam respostas tranquilizadoras amarradas ao registro perceptivo e não ao representativo.

Apoiado nessas observações, Dejours propõe um modelo tópico diferenciado do modelo freudiano pelo movimento de báscula de uma linha de clivagem radical.

Figura 5 – Quadro ilustrativo da linha da clivagem no inconsciente (Dejours, 1988c, p. 112)

Na clivagem em estado de equilíbrio, a linha estaria hipoteticamente ao centro. Quanto mais a linha de clivagem se desloca para a esquerda, mais a normalidade adquire um aspecto estereotipado e conformista, regido pelo sistema consciente (Cs) que separa, de forma eficaz, o inconsciente primitivo (ICs Iº) da realidade. Quanto mais a clivagem se desloca para a direita, mais evidente fica o funcionamento psíquico dominado pelo pré-consciente (PCs) e pelo processo secundário. A diferença dessa concepção tópica é a importância atribuída ao sistema consciente para assegurar o equilíbrio econômico.

Os estudos dos sonhos, da angústia e da memória, trazem subsídios para pensar, na clínica, os movimentos de desorganização e organização psíquica vinculados aos processos de somatização. Entre as considerações desenvolvidas por Dejours sobre esses estudos, destaco:

√ A crise de angústia é a expressão nuclear que antecede as manifestações biológicas e psíquicas relacionadas aos movimentos de desorganização, de desentrincamento pulsional e de quebra da hierarquização das defesas.

√ A angústia automática costuma assinalar manifestações somáticas decorrentes de uma invasão do ego, do aparelho psíquico e das capacidades de "ligar" a excitação.

√ O sonho revela-se à análise como um importante regulador da economia psicossomática, desempenhando um papel importante na integração soma e psique, na cura e na conservação do equilíbrio dinâmico dos processos de saúde. "[...] O sonho seria o processo pelo qual o sujeito transforma angústia vivida em experiência memorizada em proveito da constituição dia após dia da sua história singular" (Dejours, 1988, p. 17).(1988c)

√ Os movimentos de apropriação da experiência vivida, de constituição da história de especificação do *self*, inscrevem-se no corpo biológico e na estrutura graças aos diferentes processos associados à *memória*. A memória desempenha um importante papel nos movimentos de ligação da energia pulsional, e de organização psíquica.

√ A teoria psicanalítica da memória é uma teoria do esquecimento e da deformação[11].

Além das modalidades de deformação[12] decorrentes do recalque (subtração à consciência) e do retorno do recalcado (restituição à consciência), Dejours ressalta a importância do papel da negação ou recusa (*verleugnung*) e da rejeição ou repúdio (*verwerfung*) na memória.

Em suas considerações metapsicológicas sobre a perversão, Freud introduz a noção de *clivagem do ego* para explicar a possibilidade de o sujeito funcionar sob dois modos diferentes, que se ignoram um ao outro. Um reconheceria a castração, e o outro se oporia à mesma através da negação. Um setor funciona

---

[11] A deformação se manifesta principalmente no sonho e na ação da censura, na condensação, no deslocamento, na simbolização, na figuração.

[12] Entre as modalidades de deformação estão os lapsos, os atos falhos, os sonhos, as fantasias, as recordações encobridoras e os sintomas neuróticos.

respeitando a castração e a realidade, e o outro funciona como negação da castração e ao abrigo da realidade.

Entre as pontuações feitas por Dejours (1988c) sobre as relações entre a "terceira tópica" ou "tópica da clivagem" e o mecanismo de clivagem introduzido por Freud ao falar das perversões, destaco as seguintes observações da clínica da perversão.

√ Toda perversão supõe alguma forma de violência.

√ O cenário perverso, mesmo que relativamente complexo, é sempre estereotipado e monolítico. A perversão não se limita à negação da castração; completa-se geralmente por uma montagem cênica na qual o perverso busca a prova de realidade que o faz correr o risco de se desestabilizar.

√ A estratégia perversa caracteriza-se pela busca compulsiva da aproximação da sensação perigosa, para imediatamente descarregá-la somaticamente, pela via do orgasmo. A interrupção desse processo conduz ao desencadeamento da angústia automática.

√ No ato perverso, o sujeito pode controlar a excitação instintiva, não a conservando dentro da tópica. De acordo com o cenário perverso, essa excitação pode ser periodicamente canalizada pela via de descarga somática erotizada. O perverso consegue fazer passar despercebida a sua violência sem precisar reconhecê-la, uma vez que atua como jogo erótico e não como jogo violento.

Portanto, enfatiza o autor, a perversão caracteriza-se por essa estratégia, distinta do recalque, que faz desviar a violência sem colocar em risco o aparelho psíquico, nem sua tópica.

Ao reconhecer a estratégia perversa entre as estratégias empregadas em diferentes processos de adoecimento (tais como perversão, alucinação, psicopatia, "caracteropatias" e somatização) sob diferentes estruturas psíquicas, pelas quais a violência está presente sem ser reconhecida, Dejours sugere que "toda a estrutura é portadora de uma clivagem". Portanto, teoricamente, todo sujeito, sob certas condições, tem acesso a essa modalidade de descarregar sua violência sem o respectivo reconhecimento e sem usar os processos de pensamento vinculados ao pré-consciente (PCs).

A zona de sensibilidade do inconsciente permeia o consciente, o pré-consciente, o inconsciente primário e o inconsciente secundário. É uma zona de risco, um espaço de fragilidade fundamental do sujeito frente às situações reais. Nesse processo, a realidade é o intermediário necessário para ultrapassar a negação e ativar o inconsciente. Por isso, certos sujeitos, temendo o desencadeamento de um afeto ou da violência incontrolável da descarga compulsiva, procuram subtrair-se à realidade, que se tornou, ela mesma, fonte de perigo. Os outros dispositivos psíquicos só entram em ação quando a negação se mostrou falha.

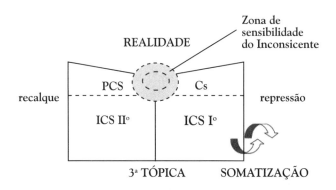

Figura 6 – Fragilidade da zona de sensibilidade do inconsciente com somatização protetora da clivagem (Dejours, 1988c, p. 114)

A partir dessa hipótese, qualquer estrutura psíquica é suscetível de reagir à prova de realidade (tal como é sentida subjetivamente) por uma somatização, ou por uma atuação violenta (*acting* sintomático) ou por uma alucinação. As manifestações do "inconsciente primário", quando não são mediadas pelas representações pré-conscientes, podem se transformar em somatização.

A realidade tal como é sentida – consciente, inconsciente e subjetivamente –, é truncada, transformada e altamente singularizada. Há partes da realidade objetiva que não entram em relação com o inconsciente.

A prova de realidade é o corte que opera na realidade objetiva o sujeito que a encontra em contato com a zona de sensibilidade do seu inconsciente. A prova da realidade pode resultar do encontro com certas cenas materiais, implicando de forma direta os órgãos dos sentidos, ou do encontro com o outro na cena da relação intersubjetiva.

Seguindo essas argumentações, a somatização mostra-se como resultante do uso do mecanismo de repressão diante da intensificação da pressão instintual. Essa pressão no sistema consciente apresenta-se sob a forma de violência, sendo que a prova de realidade a ser recusada pode resultar tanto do encontro com certas cenas materiais (implicando os órgãos do sentido) quanto do encontro com o outro. A prova de realidade recusada pode ocorrer na cena da relação intersubjetiva – tal como revela Maria em sua narrativa[13] – situando a descompensação ou a desordem tanto psíquica como somática numa problemática relacional (intersubjetiva).

No caso de ocorrer um desequilíbrio entre a representação pré-consciente e a percepção consciente, o encontro perceptivo traumático pode desembocar (na ausência de um repúdio psicótico) num processo de somatização intermediado pelo par inibição/repressão[14]. A inibição visa desestabilizar aquilo que no inconsciente reage à percepção – um inconsciente situado à margem do biológico, em decorrência da falta de subversão

---

[13] As cenas dessa paciente (Maria) encontram-se no capítulo VI.

[14] A noção de repressão (*unterdrückung*) distingue-se do recalcamento (*verdrängung*) por agir mais perto da consciência e opor-se mais diretamente ao desenvolvimento do afeto. É invocada para fazer desaparecer o vestígio do afeto do inconsciente: ou seja, visa ao psíquico, mediante o ataque contra a fonte biológica da energia psíquica (Dejours, 1988).

de sua energia pelo *apoio* de uma pulsão. A desestabilização do inconsciente é acompanhada de uma atenuação, uma "inibição" da própria função biológica, como se fosse dirigido um ataque à própria fonte da função, aproximando-se da noção de repressão.

A repressão, ao fazer oposição mais diretamente ao afeto, visa o psíquico mediante o ataque contra a fonte biológica. A inibição, por outro lado, está associada a um empobrecimento das funções do Eu[15]. A ação do par inibição/repressão frente ao Eu, à realidade e ao corpo instintivo traz ainda muitas questões.

Um exemplo clínico pode ser observado na clínica do trabalho, em um cenário que envolve, na tarefa, a atividade sensorial, motora ou cognitiva repetitiva e estereotipada com ciclos de tempo curto e aceleração no ritmo de trabalho. O operário trabalha (ganha) pela produção de cada peça em um ritmo cada vez mais acelerado, levando-o a uma situação de hipersolicitação sensório-motora.

Para atender à demanda da organização do trabalho – que exige continuamente e sem falhas um exercício excessivo e forçado em seu desempenho sensório-motor –, esse funcionário precisa utilizar seus recursos defensivos lutando contra seu funcionamento mental e contra toda a forma de retorno do recalcado que possa entrar em choque com a mobilização desse investimento. Para obter bom desempenho profissional dentro desse cenário, o sujeito chega a paralisar seu funcionamento

---

[15] A repressão está para a inibição assim como a facilitação está para o traço mnêmico.

mental regido pelo pré-consciente. O excesso de excitação aciona o mecanismo de repressão que age no nível da sensação. Assim, como têm demonstrado vários estudos na clínica do trabalho, a excitação pode dar lugar a crises de angústia somática ou desencadear um ataque agudo de uma patologia crônica preexistente.

Além disso, os neuróticos, mesmo com mentalização adequada, têm uma zona de fragilidade que possibilita a somatização. A atuação violenta é possível em qualquer estrutura. Independente do tipo de manifestação patológica, ela pode resultar da estimulação dos instintos e da violência que os caracteriza, devido ao encontro com a realidade que ignora a negação que recobre a zona de sensibilidade do inconsciente. O alvo da somatização estaria associado ao lugar em que o apoio não pode assumir o seu papel subversivo.

Somatização simbolizadora

Por outro lado, ao situar positivamente a especificidade do funcionamento psíquico no processo de somatização, Dejours (1991) defende a possibilidade de ocorrerem processos de somatização que funcionam no aparelho psíquico como vias de "facilitação psicossomática", precursoras da representação mental, denominando-as de *somatização simbolizadora.*

Durante o processo analítico, essas somatizações simbolizadoras surgem como uma etapa necessária para a reativação de um processo de criação das representações, possibilitando novas ligações psíquicas. É a fala do paciente que designa o lugar do corpo implicado no movimento de ligação e de organização da pulsão.

Com um processo e origem distintos das conversões, as somatizações simbolizadoras obedecem a uma finalidade de produção de sentido. Seu poder simbolizador está ligado à localização da lesão num órgão em detrimento do mecanismo fisiopatológico subjacente (imunopatológico, infeccioso, degenerativo, metabólico etc.). E estão, geralmente, associadas a partes do corpo implicadas na motricidade, no aspecto sensório e na sensibilidade. A distinção entre as diferentes somatizações pode ser realizada a partir de considerações clínicas sobre a tipologia dos estados psicopatológicos associada a cada uma delas, como, por exemplo, a ausência de depressão, ou depressão essencial e um funcionamento restrito ao pensamento operatório.

Se o sintoma somático não é decifrável como o sintoma neurótico, isso não significa que a somatização não tenha nenhum sentido, mas que é preciso buscá-lo em outro lugar além da sexualidade psíquica, do conflito edipiano e da culpa neurótica. É preciso buscá-lo em outro registro, recorrendo a outro método. "[...] se, por um lado, a somatização não é burra [como afirmou M. M'Ulzan], por outro sua inteligência só pode manifestar-se na zona do corpo (órgão, função, regulação fisiológica) que constitui o ponto de impacto do processo de destruição" (Dejours, 1991, p. 33).

Enfim, esse autor defende a ideia de que a partir da vivência transferencial e da análise, os processos de somatização podem introduzir no campo do pensamento e da fala aquilo que foi renegado, novamente permeabilizando a via de *apoio* pulsional em prol do restabelecimento de um equilíbrio mais favorável dos investimentos entre percepção consciente e representação pré-consciente. À vista disso, a somatização pode inscrever-se como uma formação do inconsciente, podendo abrir caminho para um processo de simbolização no decorrer da análise.

A partir desses aportes, destaco a importância para a clínica atual, eminentemente somática, em situar a descompensação numa problemática relacional. É relevante lembrar que a descompensação tem um destinatário. Ao considerar a relevância dessa conotação clínica frente a uma descompensação, é preciso se perguntar: "Quem tem interesse no crime? Quem tem interesse em ver a violência do paciente ultrapassar seus limites? Quem tem prazer em fazer surgir as figuras da pulsão de morte?" (Dejours, 1988, p. 129).

Os ideais e seus impasses na cultura somática

A criança, ao nascer, vive uma indistinção entre seu corpo e o corpo materno, formando uma matriz somatopsíquica. A psique infantil vai se desenvolvendo à medida que progressivamente vai ocorrendo uma diferenciação entre corpo próprio e a primeira representação do mundo externo – o seio materno

–, da mesma forma como acontece a distinção entre o psíquico e o somático. Segundo McDougall (1991), durante o lento processo de dessomatização da psique infantil, frente à dor e ao sofrimento, o bebê busca recriar, pela imaginação, a unidade corporal e mental com a mãe-seio, apesar da disposição para se diferenciar do seu corpo e do seu ser. A imagem corporal diz respeito à imaginação, e o funcionamento somático ao real do corpo.

O modelo da imagem corporal que atende à demanda do outro, o qual lhe serve de referência simbólica – pais, pessoas significativas, figuras culturais ideais –, faz parte dos momentos iniciais da formação do Eu. A completude física, emocional e moral é atribuída ao sujeito pelo outro, na proporção de sua fantasia de perfeição, exigindo em troca a submissão a esse ideal.

O psicanalista Freire Costa (2004) ressalta que, uma vez preso nessa montagem cênica, o sujeito está fadado a usar sua imagem corporal para sustentar o interesse do outro por ele. No decorrer da vida, os ideais acrescidos a esta imagem apenas virão reforçar o desejo de responder ao desejo de perfeição do outro. O Eu, pela vida afora, tentará fazer da sua imagem corporal a moeda de troca na transação com o outro idealizado.

O eu corporal originariamente narcísico, ao encarnar a percepção imaginária desejada pelo outro, procura fazer com que todo o seu corpo se submeta a esse ideal de perfeição. Para atender a esse ideal, o Eu resiste e, até mesmo, recusa a integrar em sua imagem traços ou expressões físicas que contradigam essa expectativa idealizada.

A inclusão forçada da automovimentação e do equilíbrio nesse jogo idealizado de troca libidinal, pode chegar ao extremo. Pode levar ao rompimento do pacto que diz respeito ao reconhecimento da castração e do princípio de realidade[16]. De acordo com esse pacto, a compulsão para gozar com a imagem corporal não pode violentar as exigências da autopreservação. Se o sujeito insiste em romper esse pacto de autoconservação via esquema corporal, pagará a infração com dor, angústia e morte.

Pergunto: O que pode acontecer com uma pessoa quando a sua imagem corporal e seus ideais culturais – associados ao sucesso profissional – interferem no funcionamento somático?

---

[16] Na clínica, aparece relacionado aos quadros de inibição motora, distúrbios psicogênicos da visão, distúrbios de equilíbrio. Os sintomas físicos são indícios de que o esquema reluta em ser usado como imagem, e só cede ao custo do sofrimento psíquico.

5.

(En) cena do trabalho: o braço de pau de Elizabeth

Para viver ao lado de alguém sem perigo de ódio é preciso amor,
qualquer amor é um descanso na loucura.
Guimarães Rosa. Grandes sertões, veredas.

La grande odalisque

Na sala de espera de uma clínica médica encontrei, certa vez, uma propaganda de serviços de medicina estética, na forma de um postal. Na face frontal do cartão havia uma reprodução de um quadro de Ingres[1]. Meu estranhamento frente àquela propaganda ficou por conta de uma releitura sobre a imagem da odalisca, feita com legendas indicativas espalhadas sobre o corpo da modelo do artista francês.

---

[1] "La grande odalisque", do francês Ingres; óleo sobre tela datado de 1814. Acervo do Museu do Louvre.

"Até as obras de arte às vezes precisam de alguns reparos". Essa é a inscrição, em fonte caixa-alta, posta sobre a imagem do postal. Espalhadas sobre a superfície da reprodução do quadro estavam colocadas setas em todas as direções, apontando partes do corpo da mulher e indicando os serviços prestados pela referida clínica: *peeling* na face; *botox* na testa; implantes no queixo; estimulação russa nos braços; eliminação das manchas senis das mãos; enzimas para "quebrar" as moléculas de gordura na cintura e na barriga; indermologia nas nádegas. No rodapé do cartão, lia-se o nome do médico especialista nos procedimentos estéticos oferecidos na propaganda.

(Agora, o leitor pode devanear sobre a imagem do postal, olhando para a reprodução do quadro original inserida na abertura deste capítulo).

Para mim, o cartão postal causa um tipo de constrangimento; configura o cenário cotidiano de mulheres e homens que vivem nas grandes cidades. Tal constrangimento começa por esse jeito invasivo com que a cultura de mercado costuma tratar "seus" consumidores[2].

No caso especial desse postal, mais uma vez somos convidados a aderir ao ideário de perfeição da aparência construído, massivamente, sobre o "corpo da nossa época".

Entrelinhas, posso ler a mensagem que deriva da legenda explícita.

---

[2] Trata-se do contexto da discussão de Arendt (2000), a respeito do *animal laborans* n'*A condição humana.*

"Não importa qual é a sua história, menos ainda sua memória, seus afetos, o reconhecimento que lhe dão aqueles que estão a sua volta. Não importa nem mesmo que você esteja satisfeita com o seu reflexo no espelho. Preste atenção: nem que você se assemelhe a uma obra-prima, mesmo assim não acredite que é perfeita. Venha conhecer a nossa clínica, você também precisa de alguns reparos".

Sem pudor, o apelo violenta uma obra consagrada por sua durabilidade[3] na memória coletiva da humanidade, para oferecê-la em sacrifício a uma concepção totalitária sobre o corpo, que tem como objetivo a venda dos produtos fascinantes[4] das tecnologias do século XXI que servem à medicina estética.

No cenário dessa cultura somática da atualidade, descrita por Freire Costa (2004), a tirania do corpo perfeito, do corpo da moda, apresenta-se no cotidiano pela exigência de renúncia constante aos hábitos contraídos na organização do próprio esquema corporal. De acordo com os ideais dessa cultura, o sujeito não pode se servir da experiência corporal derivada da sua história para saber quem deve ser para que o outro o reconheça. Esse tipo de violência é que promove uma ruptura com o passado e, inclusive, com os princípios de proteção proprioceptiva exigidos para a autoconservação.

---

[3] Entre outros artefatos, a obra de arte caracteriza o trabalho realizado pelo *homo faber*. Ver: Arendt (2000), *A condição humana*.

[4] Escolho propositadamente esta expressão em vista de sua etimologia, homônima a uma outra palavra: fascismo.

Na perspectiva da cultura somática, nada e ninguém escapa à necessidade de reparos. Para comprovar o totalitarismo de tal "verdade", entende-se então a utilização de uma obra-prima como justificativa mais do que indicada para atingir os objetivos preconizados por esse tipo de ideologia!

Ainda para Freire Costa (2004), o antagonismo entre os interesses narcísicos e os demais interesses do corpo físico – como os sistemas autorreguladores e sensório-motores de proteção à saúde – traz a marca das novas imagens ideais do corpo. Na atualidade, o elo sintomático entre o eu narcísico e o corpo físico pode ser visto em vários sintomas corporais associados a áreas específicas da experiência subjetiva.

Primeiro, na área do imaginário da perfeição, o corpo real padece com a compulsão do Eu para causar o desejo do outro por si mesmo, através da idealização da própria imagem. A ideologia da ciência e os avanços tecnológicos alteraram o perfil da idealização da imagem corporal.

Até meados do século passado, buscava-se alcançar no futuro a perfeição mítica do passado sentimental. Hoje, o apelo cultural imagético é que a perfeição será conseguida pela perfectibilidade[5] física prometida pelas novas tecnologias médicas. O homem contemporâneo padece do fascínio dado pelas possibilidades de transformação física com o uso protético dessas novas tecnologias. A ideologia somática dominante propaga

---

[5] "Querer se fazer perfeito" (Costa, 2004).

a ideia de que a correção da aparência física é a solução para o insucesso amoroso, profissional, relacional. A corporeidade física mostra-se como um coadjuvante na formação do ideal do eu voltado principalmente para a realização conjugal e familiar ou do sucesso profissional.

O segundo tipo refere-se a situações extremas de automutilação, anorexia, confinamentos, reivindicações ao direito de morte, quando o sintoma da imperfeição não é acessível à ação do discurso e da metaforização. O outro idealizado assume a face do torturador/perseguidor, representação do desprezível, do obstinado, fonte de veneração e assombramento, por sua presença onipotente/onipresente. O amor pelo outro é transformado em ódio dirigido ao corpo com ataques sádicos autodirigidos.

No terceiro tipo, há uma crença no ideal de perfectibilidade física, característica do imaginário cultural dominante. Porém, o ataque é dirigido ao ego. A pessoa não possui o corpo ideal por incompetência do ego. "[...] O ego narcísico, sem poder ocultar a aparência do corpo, vê-se acuado pela dor, humilhação e medo de não ser causa do interesse do outro" (Costa, 2004, p. 79).

Mais escutas de histórias de dor

O braço de pau de Elizabeth

> **Elizabeth, cena 1:** [...] *No trabalho, me sentia capaz e me embriagava com isso. Bebia trabalho* [...] *O braço duro, forte, vitorioso... da mulher.*

> **Elizabeth, cena 2:** [...] *um braço de pau* [...] *Pinóquio* [...] *mentiroso. Não sou mais esse braço forte.* [...] *O pau para toda obra virou um braço de boneca de pano que a gente enche de areia... para poder ter alguma sustentação. Os movimentos com o braço estão cada vez mais difíceis* [...] *ainda mais com esse desânimo.* [...] *Deprimida* [...] *toda molengona* [...] *fiquei com muita raiva de não poder fazer as coisas direito. Não sei ter que ficar dependendo de marido e de filha.*

Elizabeth, quarenta anos, casada, mãe de uma filha de dez anos. Bancária há mais de quinze anos, foi afastada do trabalho com diagnóstico de DORT's. Sofria de dor crônica devido à tendinite, tenossinovite e bursite, com inchaço, queimação, limitação de movimento e perda da força muscular. Após seu afastamento do trabalho, Elizabeth passou a apresentar sintomas diagnosticados por um psiquiatra como "transtorno bipolar".

Nessa época, conforme seu relato, ela vinha se envolvendo em maus negócios, experimentando fracassos reiterados e perdendo mais e mais dinheiro. Nessa situação foi que acabou por se sentir deprimida, ao mesmo tempo que cresciam suas dores no corpo. A dor que se manifestava como interminável e irrecuperável, mais a irritação pelo afastamento do trabalho, mais o fracasso em seus empreendimentos profissionais, acabaram levando Elizabeth a buscar ajuda para tentar compreender a sua situação.

Dentre tantos sintomas no corpo, para Elizabeth repercute, em especial, aquele de possuir um *braço de pau*, na aparência, inchado e duro (viril e vitorioso) e, internamente, mole como o braço de uma boneca de pano (atônico), necessitando, para se sustentar, de um enchimento de areia (medicação), como se ela fosse uma farsa (Pinóquio, o boneco que queria ser gente). Em vista dessa situação, viu-se Elizabeth queimada "por dentro" pela raiva, sendo a impotência o seu sentimento mais forte, levando-a à depressão, desde que passou a depender do marido e da filha em vista das limitações impostas pela doença.

Como explanado anteriormente, com o adoecimento, a dor associada aos DORT's vai definindo um quadro subjetivo, conforme a pessoa concebe, percebe e admite a dor em si mesma. Durante o processo de adoecimento e reconhecimento do sofrimento, a dor do corpo vai assumindo várias faces ou sentidos. A dor, percebida em um primeiro estágio como banal, é seguida pela percepção da dor como limitação do movimento do corpo, inapelavelmente forçando aquele que a sente – como

Elizabeth (cena 2) – ao reconhecimento do sofrimento. À dor pelo reconhecimento da própria dor é somada a dor pelo não reconhecimento do sofrimento pelo outro: as organizações do trabalho, os profissionais de saúde, os colegas, a família, os parceiros. Mas, exatamente porque a dor, a princípio, habitualmente será interpretada como "falso sintoma", ocorre o agravamento do quadro de DORT's.

Tal percepção subjetiva da dor (sofrimento) implica, necessariamente, um movimento de reflexão sobre o "estar no mundo". Por sua vez, a vivência de sofrimento não pode ser separada da corporalidade. É o corpo que dá a visibilidade do sofrimento e é desta forma – através da dor – que a corporeidade se insere no mundo e nas relações interpessoais.

A cena 1 – de Elizabeth – fala de um tempo "antes do adoecer", quando os laços construídos aludem à mobilização subjetiva proveniente da articulação do desejo nas relações de trabalho.

O sofrimento está sempre presente, impelindo os seres humanos ao mundo. A busca de condições de satisfação (prazer), autorrealização, faz o sujeito construir, eroticamente, laços sociais constitutivos da intersubjetividade.

Para Dejours (1994b), a contribuição do sujeito para a organização do trabalho real é uma condição para obtenção de prazer. Essa contribuição se dá pela construção coletiva de *regras de trabalho*, dependendo, assim, do *compromisso* e da *cooperação* entre os pares. Porém, a condição psicoafetiva da cooperação – a aceitação das regras do jogo – é resultante do desejo de jogar. O desejo de jogar ganha, no cenário do trabalho, a forma de *desejo de reconhecimento*.

Em troca do sofrimento, do esforço da engenhosidade, do engajamento no trabalho coletivo, os trabalhadores buscam e esperam, além da retribuição material (dinheiro), uma retribuição simbólica, que diz respeito à gratidão e ao reconhecimento do que fazem na realidade (inverso da negação ou recusa da realidade). De acordo com as possibilidades efetivas que o sujeito tem de investir nas situações de trabalho, e com a existência do jogo do reconhecimento, o sofrimento ganha um sentido em relação à conquista da identidade, podendo ser convertido em prazer. O sentido do trabalho está intimamente misturado com desafios da busca de identidade e de reconhecimento em grupo (Dejours, 1992b).

Para Elizabeth, o desejo de reconhecimento está relacionado ao *fazer* (desempenho) e, também, ao atendimento de um ideal competitivo de produção, propício a fantasias de onipotência e associado a uma vontade de vencer vivida de modo compulsivo.

Dejours (1992b) ressalta que a qualidade dinâmica da articulação do desejo de reconhecimento do sujeito com aquilo que deseja e exige a organização do trabalho – que representa a vontade do Outro – deverá indicar a direção do sofrimento, da mobilização subjetiva e do grau de comprometimento com o trabalho, tanto para a saúde quanto para o adoecimento. Portanto, tanto do prazer quanto do sofrimento.

A transformação do sofrimento em prazer, a conquista da identidade e a conquista da saúde dependem da qualidade da dinâmica do reconhecimento e das estratégias defensivas contra o sofrimento.

O sofrimento, podendo ser transformado em prazer, inscreve a relação do trabalho como mediadora da realização de si mesmo, trazendo sua contribuição na construção da identidade. O trabalho funciona, então, como mediador para a saúde, aumentando a resistência do sujeito ao risco de desestabilização psíquica e somática.

Por outro lado, o trabalho exerce o papel de mediador da desestabilização e da fragilização da saúde, quando a situação de trabalho, as relações sociais de trabalho e as escolhas gerenciais impregnam o sofrimento em seu sentido patogênico.

No contexto organizacional onde está inserida Elizabeth, bem como o de outras mulheres aqui apresentadas, a qualidade da dinâmica de reconhecimento aparece impregnada por repercussões e ressonâncias provocadas pelas transformações tecnológicas e organizacionais, implantadas em nome da eficácia e do aumento da produtividade.

Quero deixar registrados alguns pontos relevantes, exatamente sobre a qualidade dessa dinâmica.

Tempo antes do adoecer

No "tempo antes do adoecer", essas mulheres manifestam-se mobilizadas ao extremo, com um grau de comprometimento no trabalho até o limite da exaustão, visto uma forte identificação com os ideais desejados (eu ideal), valorizados e exigidos pela organização do trabalho (ideal do eu).

Essas pacientes costumam revelar em sua fala – sobre o trabalhar em ritmo cada vez mais rápido –, a ausência de alteridade e a negação da singularidade, presentes nos processos de subjetivação relacionados ao trabalho.

Elizabeth é o paradigma da experiência profissional com satisfação máxima, quando conta algumas de suas *performances* – por exemplo, o pagamento mensal de quatrocentos funcionários de um cliente do banco. Após doze horas de atividade ininterrupta e acelerada, ela saía do trabalho exausta, mesmo tendo ingerido analgésicos naquele mesmo dia. Chegando a casa, Elizabeth jogava-se sobre o sofá, com [...] *os braços em brasa*. Ainda que levemente incomodada, em vista de minha evidente perplexidade frente a tal relato, Elizabeth admite satisfação e êxtase por sua vitória pessoal naquele dia. Uma verdadeira corrida de obstáculos para fazer o pagamento de quatro centenas de pessoas, voltar para a agência e autenticar pela segunda vez todas as operações, fechar o caixa sem nenhum "furo", e erguer finalmente o "braço da vitória". *A gerência do banco e também o cliente com a garantia de contar com ela para [...] vencer.*

Ela, Elizabeth, *era uma das melhores* [sic]. Nessa época, o "tempo antes do adoecer", as pressões do trabalho eram vivenciadas como obstáculos a serem vencidos. Aumento do ritmo, aceleração do tempo, duplicação das horas de trabalho, pressão por metas, tudo idealizado para fazer surgirem os melhores funcionários, os triunfadores.

Elizabeth fala-nos da alienação presente no drama da captura do sujeito pela imagem, vivido em massa por todos nós, consumidores contemporâneos. É importante destacar que esse imaginário social parece encapsulado por esse tipo de perversão (social), como facilmente se observa na mídia escrita e televisiva especializada nos temas da profissão e da carreira[6].

Cúmplice inadvertida dessa ideologia perversa, justamente por se sentir identificada com o ideal do ego presente no discurso viril, Elizabeth não percebia o sofrimento implícito nas suas condições de trabalho. Encontrava-se dissociada de si mesma e de suas circunstâncias, graças a ideais de triunfo e onipotência, até seu corpo se tornar doente (= dolorido) o bastante para que percebesse a si mesma como um *boneco de pau*. Um corpo que fora embriagado com a promessa enganosa da "vitória".

Destinos do sofrimento

A defesa construída para proteção – como o aumento do ritmo de trabalho e a prática da autoaceleração – passa a ser percebida pelo sujeito como meta, como desejo (meta de aumento do ritmo de trabalho = desejo). Os efeitos dessa

---

[6] Por exemplo, é o caso de revistas como *Você S.A.* e *Vencer*, ou de programas na TV a cabo, como *Mundo S.A.*

transição de funcionamento estão claramente evidenciados na fala de Elizabeth sobre sua corrida cotidiana de obstáculos.

No processo de autoaceleração, a consciência, ao ver-se em sua totalidade engajada em um curto-circuito entre percepção e atividade psicomotora, deixa cada vez menos lugar à atividade do pensar (trazendo rigidez ao funcionamento psíquico). Esse estado de embrutecimento, mesmo passível de causar angústia e apreensão, paradoxalmente, produz uma relativa proteção contra a consciência dolorosa do cenário da organização do trabalho.

Sobre a cena perversa no contexto de trabalho

Até o presente momento, as vivências relatadas pelas pacientes cujas experiências de sofrimento alimentam incessantemente minhas reflexões e questionamentos não sustentam a hipótese sobre a ocorrência de um processo de supressão pulsional.

Ao contrário, seus relatos contrariam a possibilidade de que na base da formação da sintomatologia física dos DORT's tal processo se manifeste na fonte do pensar e do sentir. Não se trata aqui do processo de recusa da percepção sensorial, coartando o pensar e o sentir dentro de um raciocínio operatório que incapacita o processo de simbolização, empobrecendo a vida fantasmática. É uma recusa de outra ordem – infinitamente mais elaborada – por meio de palavras, atos e fantasias. A essas mulheres não faltam – eu posso dizer, sobram – associações, historicidade e riqueza simbólica. De tal fato é manifestação irrefutável o registro das sessões em consultório.

A partir das narrativas dessas mulheres, observa-se que a prática da autoaceleração alude à promoção de um "entorpecimento do pensar e do sentir", inibindo o pensar reflexivo sobre si propiciado e sustentado por uma rede (social) do não reconhecimento do sofrimento do sujeito que trabalha.

Na história de Elizabeth (e das outras mulheres), ao engajar sua inteligência prática na descoberta de novos procedimentos que lhe permitissem ir sempre mais rápido, através da autoaceleração de características compulsivas, entram em jogo a exacerbação dos recursos defensivos, configurando o aumento do ritmo de trabalho e a autoaceleração como *actings sintomáticos* (McDougall, 1983, p. 1991) no cenário de trabalho.

Este estado de entorpecimento do pensar e do sentir, de características dissociativas, aproxima-se dos processos defensivos característicos da perversão, descritos por Freud como recusa (*Verleugnung*), cujo modelo de compreensão é o fetichismo. Esse processo defensivo de recusa foi pensado por Freud, inicialmente, como recusa da castração, expandindo-se até a recusa da realidade de uma percepção traumatizante.

O processo de recusa da castração na solução perversa é o protótipo de origem das outras recusas da realidade, sendo o fetichismo o protótipo de todas as formações perversas, na medida em que mostra de modo exemplar a maneira como o vazio deixado pela recusa e pela negação da verdade/realidade é posteriormente encoberto.

O fetichista perpetua a solução infantil presente no complexo de Édipo, ao fazer coexistir as duas posições inconciliáveis (a recusa e o reconhecimento da castração feminina). Por coexistirem no ego as duas atitudes, permanecendo lado a lado (clivadas) sem se influenciarem, a ameaça (angústia) de castração permanece. Há uma ilusão no ato/cena perversa, pela qual o sujeito não se envolve totalmente. Para McDougall (1991), a recusa por meio de palavras ou ações, ou uma recusa através de fantasmas cria uma falha (vazio) preenchida pelo objeto fetiche, que impede o processo de aceitação e adaptação à realidade indesejada.

A solução perversa, forma privilegiada de defesa maníaca, é uma adaptação mágica e, do ponto de vista da economia, não pode ser superada, a não ser por intermédio da criação de uma "realidade" (crença) que preencha o vazio deixado pela recusa, manipulando numa certa medida a realidade externa.

A diferença entre o neurótico e o perverso na cena perversa é que o primeiro não sabe o que move o seu desejo; ele se vê atraído, capturado pelo brilho do objeto onde nem se espera que ele exista, "um brilho na ponta de um nariz", como descreve Freud (1927). Já o perverso tenta dominar o objeto que causa seu desejo e diz ser possuidor de um saber sobre o gozo.

Outras características clínicas, nomeadas habitualmente como perversões sociais, diferenciam-se das perversões sexuais, de acordo com McDougall, pelo fato de não exigirem uma erotização consciente das defesas e de procurarem um objetivo distinto do gozo sexual. A recusa comporta vários objetos, configurando-se em faces variadas.

Na cena perversa, no contexto de trabalho, na qual Elizabeth está inserida, podemos observar várias faces da recusa: a recusa do sofrimento psíquico no trabalho, recusa das relações de dominação/exploração presentes no processo produtivo, a recusa do tempo de vida (a recusa da morte), a recusa da percepção dos sinais emitidos pelo corpo, enfim, a recusa da castração. Numa situação em que a psique recusa a dor e o conflito, é o corpo que acaba respondendo no lugar.

Durante o processo de adoecimento, a recusa por parte de Elizabeth dos sinais de cansaço e de dor do corpo leva a pensar numa anestesia do sentir, uma anestesia do corpo erógeno. Um corpo, durante a jornada de trabalho, recusado em suas necessidades, em sua erogenidade, em sua própria materialidade temporal. Há uma recusa da realidade do próprio corpo em sua face mortal e erótica; os sentimentos de onipotência são abrigados pelo fantasma da indestrutibilidade do corpo, como se Elizabeth recusasse a evidência das limitações, da própria vulnerabilidade de seu corpo.

Maria Helena Fernandes (2005, p. 9), ao falar do corpo recusado da anoréxica, afirma que o "[...] sentimento de onipotência, combinando-se a um ego ideal bastante poderoso que leva o sujeito a tentar manter-se na ilusão de um corpo inatingível, simultaneamente pela morte e pelo tempo", sendo a fusão com o ideal, o assinalamento de uma tentativa de recusa de alteridade e de seus efeitos sobre o destino do sujeito. Neste sentido, a recusa da realidade do corpo abrigaria uma tripla recusa: da morte, do tempo e do outro.

No processo de adoecimento de Elizabeth coexiste a negação da castração e a sua respectiva admissão. Por um lado, há um rechaço da realidade e, por outro lado, reconhecimento de seu perigo – *Eu sei, mas... é como se não soubesse*. Os fios associativos descobrindo o processo de recusa dos sinais emitidos pelo corpo, da aceitação da percepção dos limites do corpo e do próprio eu, aparecem na fala de Elizabeth (cenas 1 e 2): *o braço duro, forte e vitorioso da mulher* [embriagado], *um braço de pau – Pinóquio*, [mentiroso], que internamente tornou-se *um braço mole de uma boneca de pano*, necessitando de um enchimento de areia (medicação) para poder ter alguma sustentação.

Ao mesmo tempo, o aumento do ritmo do trabalho (autoaceleração), as aderências ao discurso viril e o não reconhecimento do sofrimento aproximam-se do discurso de Arendt[7] sobre a inibição da atividade de pensar [reflexiva], enquanto um pensar que anula a alteridade e, por isso mesmo, revela-se dogmático e totalitário por princípio. Assim, são essas características, não acidentalmente, que identificam o universo imperativo da nossa cultura, anulando cada vez mais as possibilidades humanas de uma convivência diversificada e plural.

---

[7] Sobre essas ideias de Arendt, já apresentamos, neste texto, um extenso capítulo.

Nesse contexto, a perversão se dá no laço social, compreendida no nível das relações entre o Eu e suas identificações. A identificação na cena perversa traz sempre consigo uma negação do outro enquanto sujeito, servindo a um desejo que não é o seu, que se dá em função de um objeto fonte de gozo (fantasmático e poderoso).

Essa identificação está sustentada sobre uma clivagem no campo da lei. Por um lado, a lei como ideal do ego, representada pela ordem simbólica, que ordena a vida social, referendada em imagens identificatórias, com apelo ao *"no limits"* (o gozo sem limite).

E, por outro lado, a lei obscena, como versão do pai (*père--version*), imperativa e superegoica, exigindo uma obediência cega aos mandatos entendidos como obrigação, que buscam uma forma única de gozo (totalitária/dogmática), decorrente do imperativo formulado pelo objeto fetiche que assumiria o lugar do ideal do ego.

No cenário do trabalho, o exercício do poder, em nome do capital/mercado nas organizações, pode ser compreendido como uma espécie de censura sobre o trabalhador, na qual a vontade do mestre capitalista busca sua hegemonia. Seu discurso configura-se por mandamentos ou demandas em que as condições de trabalho não são verdadeiramente negociáveis, transformando as demandas da organização do trabalho em imperativos categóricos, sob a constante ameaça de exclusão (desemprego).

Como destaca Peixoto Junior (1999):

> Basta um mínimo de instrumentalização dos sujeitos, com a consequente redução de suas possibilidades simbólicas, para que a relação perversa se instale, na medida em que eles passam a emprestar seus bens (seus corpos, seus nomes) para o gozo de um outro. E basta que este gozo se torne um sistema de regulação social para que a perversão ganhe o primeiro impulso em direção ao seu estabelecimento como política. (p. 270)

De acordo com Calligaris (1991), a montagem da cena perversa encena/realiza a completude do Outro, perseguida e desejada por todos. A perversão nos laços sociais pode levar qualquer neurótico à ilusão de gozar de seu oferecimento como fetiche (instrumento/órgão) à falta materna, em função de um saber e de uma cena que faça semblante à castração.

Essa montagem perversa pode ser vista na cena relatada por Elizabeth sobre sua corrida de obstáculos: ao atender todas as demandas do dia, fechar o caixa sem nenhum "furo" e erguer o "braço da vitória", a gerência do banco e também o cliente tinham a garantia de contar com ela para "vencer". A cena realiza o fetiche na própria pessoa, neurótica aprisionada à paixão narcísica de ser instrumento, submetida à condição fetichista da ordem social.

A possibilidade da invenção de um semblante, que permite ao sujeito fazer-se fetiche e gozar nesta posição de instrumento, depende muito das circunstâncias ou contingências em que está inserido. Contingências que estão além de sua singularidade.

Aprendemos com Freud (1930) que entre as funções da cultura está a regulação do laço social, pacificando e subjugando seus próprios imperativos hostis. No espaço cultural, quando a lei que organiza o social degrada-se, ideais são tratados como realidade totalitária, encobrindo o real (não dito). Costuma-se observar por isso, na história da nossa civilização, a presença dos efeitos violentos de impulsos agressivos.

Ao encarnar a percepção corporal imaginária desejada pelo outro (com o braço da vitória), Elizabeth faz com que todo o seu corpo se submeta a um ideal de perfeição performática. Para atender a esse ideal, ocorre a manutenção de um processo de recusa de integrar em sua percepção e imagem corporal, pelo menos durante a jornada de trabalho, qualquer traço ou expressão que contradigam a expectativa idealizada pela organização. A persistência dessa recusa opõe-se aos interesses corporais de autorregulação e do esquema corporal sensório-motor. Interesses inerentes à própria importância da experiência sensorial do mundo (realidade), necessária para a autolocomoção (Costa, 2004).

A exclusão do bom funcionamento desses sistemas de proteção da vida, para manutenção da cena perversa, anuncia o rompimento do pacto que diz respeito ao reconhecimento da realidade e da castração.

A história de Elizabeth prossegue. Na sua caminhada, entre imagens, palavras e cenas, aprendeu, reconfigurou sua história mediante novas formas de se relacionar com o mundo e consigo mesma. As dores estabilizaram, voltou ao trabalho, construindo para si uma outra imagem, mais próxima de si mesma. Ela já não se deixa seduzir pela embriaguez da vitória. Ela agora pode pensar e sonhar.

6.

(EN) CENA DO TRABALHO: UMA TRAGÉDIA CONTEMPORÂNEA

[...] eu sou eu mais as minhas circunstâncias.
Ortega y Gasset

Mais e mais escuta de histórias de dor

Dando continuidade ao pensamento que vem orientando nossa análise, a partir deste capítulo pretendo sinalizar alguns pontos específicos a respeito desses processos de subjetivação relacionados ao trabalho, procurando esclarecer a sua inserção na vida contemporânea, enquanto expressões do sofrimento psíquico característico de nossa época. Com essa finalidade, apresento, como eixo de análise, cenas escolhidas sobre essas relações com o trabalho, delimitadas a partir do tempo da tragédia.

Coleção "Clínica Psicanalítica"

O espetáculo é um dos momentos da vida na pólis [...] nossa vida também é composta de cenas, embora não de maneira exclusiva. Há nela pensamentos, reflexões, processos psíquicos que se desenrolam sem gesto, nem anúncio de seu acontecimento. A cena, enquanto unidade de uma existência, também foi usada de diferentes maneiras pela psicanálise. A cena primária, a cena de sedução, a cena traumática, a cena do sonho, a outra cena, revelam uma tradução dos processos da vida psíquica que anseia por dramaticidade. O acontecimento que é sempre cênico marca o sujeito, embora a inscrição desta marca se dê longe dos olhos. (Mezan, 1998, p. 447)

Desta vez, a paciente Maria é escolhida como personagem para narrar a sua história, mediante as cenas reconstruídas a partir dos registros da sua análise.

A história de Maria

Maria é uma mulher de 45 anos. Casada há 24 anos, tem dois filhos adolescentes. Maria tem formação universitária, tendo trabalhado como bancária por quase duas décadas. Foi nesse período, mais exatamente no início da década de 1990, que Maria adoeceu, recebendo diagnóstico de DORT's.

[...] *Apesar de boa filha*, desde menina Maria sofria por se sentir [...] *cagada, sem valor, só ganhava restos, roupas reformadas, restos de atenção*. Entretanto, aos 21 anos, ao ser aprovada em concurso público de uma das maiores instituições bancárias do país na época, a vida de Maria passou por uma grande transformação. Maria passou a se sentir valorizada e reconhecida, tendo sido por anos uma referência no seu posto de trabalho, em vista da sua competência, agilidade e produtividade. Por mais de uma década, Maria parece ter estruturado seu eu, sua vida e a vida da sua família, apoiados em seu trabalho. Suas palavras não deixam dúvida sobre o valor dessa atividade profissional em sua vida: [...] *sempre amei o meu trabalho no banco.*

No curso do processo de desenvolvimento histórico analisado por Elias (1994), ao lado da construção de organizações humanas mais complexas e abrangentes, ocorre uma mudança da posição do indivíduo na sociedade, bem como dos padrões de individuação.

As relações entre eu-outro, eu-nós e indivíduo-sociedade, assim como o campo dos referenciais simbólicos, que sustentam o processo de identificação, vieram se modificando de maneira específica. A função de unidades primárias, como família, parentes, tribo, cidade natal – de sobrevivência física e psíquica dos membros, descritas por Freud (1913) – estaria sendo deslocada para unidades sociais cada vez maiores e mais complexas: empresa, agremiação, Estado, Nação, Estado transnacional.

Em paralelo, as relações de pertencimento (Identidade-nós) que sustentam, segundo Elias, a alteridade e a própria formação do Eu, tendem a modificar-se, ocorrendo uma ênfase na Identidade-eu. Dessa forma é que a relação com o outro, que

184 COLEÇÃO "CLÍNICA PSICANALÍTICA"

garante a alteridade, incluindo o pertencimento grupal, tende a se tornar cada vez mais frágil e complexa.

> **Maria, cena 1:** [...] *Falo do banco como uma pessoa* [...] *mas eu amava como se fosse uma pessoa. Gostava tanto do que fazia* [...] *me sentia reconhecida pelos clientes* [...] *pelos colegas. Sabia que eu fazia o melhor. Eu sentia que o banco nunca ia me abandonar. Engraçado, com meu marido eu* [...] *sabia que não podia contar. Ele é que sempre precisava de mim. Eu segurava as pontas em casa* [...] *Proteção era no banco que eu sentia.* [...] *Trabalhava daquele jeito, mas me sentia protegida. Acho que eu cheguei a adoecer em nome dele. Sempre amei o meu trabalho no banco*[1].

Nos termos de Elias, o processo de modernização e a crescente integração entre os seres humanos trazem um grande paradoxo: se, por um lado, colocam ênfase na capacidade individual, por outro, fazem diminuir progressivamente as chances das pessoas influenciarem acontecimentos de manifestação global. Esse contexto incrementa a impotência dos indivíduos em relação aos acontecimentos de sua composição social específica (compartilhada com outros membros da sociedade), delineando o solo (*habitus*) de onde brotam características pessoais mediante as quais um difere dos outros na sociedade.

---

[1] Somente nesta cena, Maria usa por doze vezes o pronome *eu* como sujeito (claro ou oculto) da frase, em discurso manifesto de autorreferência.

Marcam-se, assim, as cenas de uma tragédia nitidamente contemporânea.

Na tragédia, o sujeito pode identificar-se em excesso com as referências simbólicas de suas circunstâncias. Quando, por qualquer motivo, ocorre a perda dessas referências devido a um impacto, é quase como se o sujeito perdesse o aspecto processual de suas identificações, repercutindo essa vivência como uma quebra do seu modo de ser e de estar no mundo. [...] *senti um choque, uma descarga elétrica que não parava mais* [...] *meu braço disparou* [...] *parecia que eu ia morrer* [...] *foi horrível.*

[...] *Como costumava ser* [...] *muito resistente,* Maria permaneceu trabalhando até que o seu braço direito entrasse em colapso durante uma jornada de trabalho. Nesse dia, Maria foi surpreendida por uma série de espasmos com descargas elétricas, devido à compressão da raiz nervosa, uma consequência do processo inflamatório nos tendões musculares, que não fora adequadamente diagnosticado em seus estágios iniciais. Esclarecendo: tais dificuldades de diagnóstico dos DORT's são atribuídas, pelos diversos profissionais de saúde, à "invisibilidade" e "subjetividade" da dor.

> **Maria, cena 2:** [...] *Fico revoltada porque me deixaram trabalhando* [...] *eu não sabia que podia chegar onde chegou. Eu fui em vários médicos* [...] *fazia fisioterapia. O médico que me tratava naquela época não solicitou meu afastamento. Como não costumo reclamar, continuei trabalhando no mesmo ritmo. Chegou ao ponto onde eu já não aguentava atender aos*

clientes que eu gostava [...] fazer as operações [...] vender os produtos [...] recolher e digitar os dados [...] colocar tudo no sistema. Tudo tinha um tempo, um ritmo. Eu fazia tudo certo [...] trabalhei até o meu corpo entrar em colapso [...] senti um choque [...] uma descarga elétrica que não parava mais [...] meu braço disparou [...] parecia que eu ia morrer [...] foi horrível.

Durante cinco anos Maria apresentou sintomas diagnosticados e tratados como tenossinovite e tendinite, sem que ficasse estabelecida a relação entre dor e trabalho. O diagnóstico de Distúrbios Osteomusculares relacionados ao Trabalho (DORT's) e o consequente afastamento das atividades profissionais ocorreram quando o corpo de Maria entrou em colapso durante uma jornada de trabalho. Após esse incidente, vivido de forma traumática (dramática) por Maria, a sintomatologia no sistema osteomuscular já evidenciava o estágio quatro de progressão dos DORT's: sensação de dor forte, contínua, muitas vezes insuportável, com irradiação por toda a região do braço, ombro e pescoço.

Além da dor acentuada pelos movimentos com o braço, a perda de força e de sensibilidade na região afetada acabaram impossibilitando a execução de tarefas rotineiras, não somente as profissionais, mas inclusive as domésticas. Dessa forma, o prognóstico de Maria tornara-se sombrio, devido à grande probabilidade de que deformidades e atrofias fossem desenvolvidas. Aos quarenta anos, Maria "foi aposentada" por invalidez (INSS), quatro anos depois do seu afastamento do trabalho.

O afastamento do trabalho – [...] *trabalhei até o meu corpo entrar em colapso* – foi vivido de forma traumática. Para Maria, foi como um choque. Por sua vez, a narrativa dessa cena colocou-me também em choque, em virtude dos meus limites, àquela época[2], a respeito de conhecimentos especializados sobre o sofrimento.

Como uma espectadora impotente, permaneci acompanhando Maria, com a esperança de que a análise se configurasse como o lugar a propiciar sentidos a tão imenso sofrimento psíquico. Quem sabe Maria, apropriando-se ela mesma do saber contido em seu sintoma, trouxesse luz ao *setting* analítico, mediante novos significados sobre o seu sofrimento?

Tempo antes do adoecer

Maria, cena 3: [...] *O trabalho foi um grande amor. Quando entrei no banco, passei a ser valorizada pelo que fazia [...] conquistei reconhecimento dos clientes e dos colegas. Durante quinze anos e sete meses, me dediquei com prazer ao trabalho. As dores começaram após dez anos de trabalho. Eu não dava bola [...] sempre fui muito resistente. Na época, só doía quando parava de trabalhar [...] tinha tanto trabalho, que eu até esquecia do mal-estar e do desconforto que sentia pela dor.*

---

[2] O atendimento psicoterápico dessa paciente teve início em meados dos anos de 1990.

Desafios da busca de identidade no teatro do trabalho

Primeiramente, sobre os laços, a fala de Maria destaca alguns pontos que se repetem de forma ora similar ora antagônica, como costuma acontecer no discurso dos pacientes ao narrarem sua relação com o trabalho antes do adoecimento.

[...] *conquistei reconhecimento dos clientes e dos colegas. Durante quinze anos e sete meses, me dediquei com prazer ao trabalho* [...]. Na fala de Maria, o desejo articula-se como desejo de reconhecimento de seu trabalho pelos clientes e colegas. Os diferentes reconhecimentos modulam o compromisso e a mobilização subjetiva, no exercício de suas atividades laborais. Maria apresenta o trabalho como um grande amor, ou uma paixão, mediante o qual conquistou valorização, reconhecimento e autorrealização, valores que acabaram integrando o constructo do seu Eu. O "amor ao trabalho" pode, no contexto das modernas formas de organização do trabalho, levar o sujeito a ultrapassar os próprios limites.

Já Carolina[3], apresentada no início deste trabalho, manifesta a vivência do fascínio e da captura do seu desejo pelo ritmo da máquina, pelo ritmo da produção, que passa a comandar sua

---

[3] [...] *Eu sem o meu trabalho sou meio perdida* [...] *Eu adoro, gosto de desvendar, jogar, descobrir coisas, porque ele* [o computador] *é rápido. Se a gente for rápida ele acompanha* [...] *fica pronto na hora, é alucinante. Concluir cada vez mais rápido* [...] *a gente vai indo, não cansa* [...] *somos todos iguais* [...] *Não se pode deixar levar pela correnteza, a gente vai embora, é um jogo.*

organização interna. **No caso de Elizabeth, o desejo de reconhecimento está relacionado ao desempenho e atendimento ao ideal de produção, favorecendo fantasias de onipotência.**

Maria, assim como as outras mulheres, conta do "tempo antes de adoecer", quando se percebe mobilizada subjetivamente no trabalho, conquistando prazer e reconhecimento, aparentemente sem grandes conflitos ou sofrimento.

Os processos identificatórios, ao longo da vida da pessoa, determinam sua identidade e sustentam a posição subjetiva no contexto de suas relações. O que se nomeia de identidade é um processo em constante construção. O sofrimento está sempre presente, impelindo o sujeito ao mundo – e também ao trabalho – na busca de condições de satisfação, autorrealização e identidade, fazendo-o construir, eroticamente, laços sociais constitutivos da intersubjetividade. Quando a pessoa é reconhecida (= valorizada) por atender às expectativas da organização (chefia, colegas, clientes) – em seu ritmo de trabalho ou através de uma atitude profissional perfeccionista – esse modo de relação com o trabalho acaba se tornando, para ela, um valor. E esse valor pode constituir-se como um traço, passando a integrar a sua identidade.

A influência do trabalho na identidade de uma pessoa faz parte do saber contido no senso comum: a primeira pergunta que habitualmente se faz quando se quer conhecer uma pessoa, é uma pergunta sobre sua profissão.

O cotidiano do trabalho ocupa grande parte da vida das pessoas. Assim, os laços de pertencimento grupal que referenciam a identidade social costumam estar associados ao trabalho. Certamente, existirão muitas outras formas de referência simbólica. Entretanto, o trabalho, no mundo contemporâneo, assume uma posição de destaque.

Como já citado, Dejours (1999b) defende a ideia do trabalho que se configura como palco privilegiado de acesso para construção do Eu no campo social, diferenciado do campo erótico das relações amorosas. O reconhecimento de identidade no teatro do trabalho implica o julgamento do outro sobre a relação do sujeito com o real (mediado pela técnica). O sujeito procura ser reconhecido pelo seu Fazer e não pelo Ser ou pelo Ter, como acontece no teatro das relações amorosas. O reconhecimento pela via do fazer introduz um terceiro termo, além do simbólico e do imaginário – o real, dando um lugar diferenciado para o trabalho no funcionamento psíquico, assim como nos processos identificatórios propostos pela psicanálise.

[...] *Tudo tinha um tempo, um ritmo. Eu fazia tudo certo*. Maria, por muitos anos, assumiu os ideais de produção, atendendo à demanda da organização, da chefia, do cliente, assim como dos ideais culturais da mulher profissional, independente, no aspecto financeiro, do marido, da família, reconhecida socialmente por seu desempenho profissional. [...]*sentia que o banco nunca ia me abandonar. Engraçado* [...] *com meu marido eu* [...] *sabia que não podia contar* [...].*Proteção era no banco que eu sentia*. O banco era sua garantia de sobrevivência e proteção, era seu grupo de pertencimento. Sua dedicação, sua renúncia e, mais tarde, seu sofrimento, tinham uma finalidade.

[...] *só doía quando parava de trabalhar* [...] *tinha tanto trabalho, que eu até esquecia do mal-estar e do desconforto que sentia pela dor.* Mas, ao atingir os limites do corpo, a dor osteomuscular rompe com o precário equilíbrio atingido, trazendo à tona as pressões e o sofrimento contidos nas situações engendradas pelos pactos nas relações de trabalho. [...] *chegou no ponto onde eu já não aguentava atender aos clientes que eu gostava* [...] *fazer as operações* [...] *vender os produtos* [...] *recolher e digitar os dados* [...] *colocar tudo no sistema.* Tudo tinha um tempo, um ritmo. Eu fazia tudo certo. Então o *pathos* toma (o) corpo, manifesta-se numa imagem. O corpo manifesta e torna visível o sofrimento, recusando a negligência de si, exigindo da pessoa outra posição subjetiva, na busca de expressar uma dor até então incomunicável.

Foi o que fez Maria. Procurou por todo tipo de ajuda: filosofia oriental, cura espiritual e, naturalmente, um sem-número de especialistas. Sempre nessa busca de amenizar a dor, Maria submeteu-se a variados tratamentos medicamentosos (analgésicos, anti-inflamatórios, ansiolíticos, antidepressivos) e fisioterápicos (para tendinite e tenossinovite). Foi nesse cenário que ela iniciou um tratamento psicoterápico, visto que se sentia muito irritada, deprimida e com dificuldades para dormir.

Na economia do funcionamento psíquico, a medicação configura-se como uma estratégia defensiva contra o levantamento da negação e a irrupção da violência do instinto. "[...] Os medicamentos atacam o impulso primário, reduzindo o impulso instintivo (neurolépticos) ou ativando os circuitos de controle subjacentes (ansiolíticos e antidepressivos). Os medicamentos agem, portanto, do ponto de vista econômico, socorrendo a clivagem" (Dejours, 1988c, p. 130). É preciso acrescentar que, além da medicação, também a somatização atua na preservação da negação característica da clivagem.

Destinos do sofrimento no trabalho

Reiterando, para negar o que sente, o sujeito desenvolve a intolerância para com o sofrimento alheio, deste perdendo a consciência pela cisão entre sofrimento, (des)emprego e injustiça social. Apesar de a cisão psíquica assumir, em cada sujeito, uma forma específica, segundo sua história particular, quando o setor excluído do pensamento é comum ao grupo em que está inserido o sujeito, o pensamento pessoal pode ser substituído por ideologias e estratégias defensivas construídas coletivamente no contexto de trabalho. A origem da "banalização do mal", nesse caso, estaria nas estratégias coletivas de defesas mobilizadas pelo medo e pela ameaça da própria integridade, em um contexto caracterizado por relações sociais de dominação.

A manifestação do processo de negação e da banalização do sofrimento, desvelada por Maria, permitiu, a partir de uma visão clínica do trabalho, apoiada na psicodinâmica do trabalho e na psicanálise, conceber que esses processos estão sustentados pelo que tenho denominado como rede de não reconhecimento do sofrimento psíquico no trabalho (Martins, 2002). À medida que a pessoa percebe a dor em si mesma, fica evidenciada uma rede de pactos recíprocos de não reconhecimento do sofrimento entre a organização do trabalho (chefias, colegas, clientes), as relações pessoais e familiares, incluindo em seu centro a pessoa que sente a dor.

Essas redes mostram-se apoiadas em estratégias defensivas coletivamente construídas (como aumento do ritmo de trabalho) e praticadas individualmente (como a autoaceleração), a fim de evitar a reflexão (de Maria) sobre a sua posição no contexto das relações de trabalho.

Nas cenas referidas 1 e 3, é possível observar que a mobilização subjetiva de Maria estava apoiada em referências simbólicas sustentadas por ideologias de comunicação relacionadas a seu trabalho, compartilhadas coletivamente, permeando o seu *habitus*. Foram essas as referências por ela utilizadas para a construção de sua identidade (estreitamente associada ao seu sentimento de pertencimento ao grupo), permitindo-lhe um "equilíbrio" entre prazer-sofrimento, mantido à custa da negação do sofrimento relacionado à organização de seu trabalho [...] *Trabalhava daquele jeito mas me sentia protegida. Acho que eu cheguei a adoecer em nome dele.*

A somatização seria resultante do uso do mecanismo de *repressão* diante da intensificação da pressão instintual (Dejours, 1988c). Essa pressão no sistema consciente se apresentaria sob a forma de *violência*. A prova de realidade pode resultar tanto do encontro com certas cenas materiais (implicando os órgãos do sentido), quanto do encontro com o outro. Isto é, a prova de realidade pode ocorrer na *cena* da relação intersubjetiva, tal como revela Maria. Isto situa a descompensação numa problemática relacional; a descompensação tem um destinatário.

Com o apoio da escuta psicanalítica das narrativas de Maria sobre o processo de adoecimento, observamos a coexistência da negação da castração (limitação) e a admissão desta. Por um lado, há um rechaço da realidade e, por outro, o reconhecimento de seu perigo: [...] *Eu sei, mas... é como se não soubesse.* Os fios associativos descobrindo o processo de *recusa* dos sinais emitidos pelo corpo, da aceitação da percepção dos limites do Corpo e do próprio Eu aparecem na fala de Maria.

Em Maria, as tentativas de mobilização subjetiva em prol do trabalho finalmente fracassam e a eclosão da doença evidencia o sofrimento presente em sua atividade profissional. [...] *Fico revoltada porque me deixaram trabalhando.* Na cena 2, mesmo em meio à angústia e ao sofrimento, Maria manifesta, com a revolta de quem se sente vitimada, a sua vivência de passividade frente ao saber médico – [...] *Fui em vários médicos [...] fazia fisioterapia. O médico que me tratava naquela época não solicitou meu afastamento –* de cumplicidade em relação à "vontade" da organização do trabalho que, da mesma forma, não reconhecia o seu sofrimento. [...] *Como não costumo reclamar continuei trabalhando no mesmo ritmo.*

Durante a análise, reconstruindo o seu processo de adoecimento, Maria revela uma história de vivência simbólica individual, coletivamente determinada, esclarecendo, mediante a sua narrativa, que os DORT's são patologias resultantes de um sintoma anterior: o sofrimento no modo de relação com o trabalho[4]. Esse sintoma mostra-se sustentado por pactos e por redes de não reconhecimento do sofrimento de quem trabalha, através dos fios tecidos pela organização do trabalho, pelos relacionamentos com chefias, colegas, clientes e, a essa altura, também pela relação com os profissionais de saúde. Até que, um dia, Maria rompe o primeiro fio.

> **Maria, cena 4:** [...] *Meti a boca* [...] *falei tudo que sentia* [para seu médico de confiança]. *Eu não sou palhaça* [...] *já sou uma mulher de 43 anos. O cara* [médico neurologista] *me passa um remédio dizendo que era para enxaqueca* [...] *vou comprar e é antidepressivo. Não vou ficar pagando consulta de quinze em quinze dias para ele ficar dando remedinho. Eu não vou tomar.* [...] *Eu não estou uma pessoa depressiva, eu estou uma pessoa martirizada pela dor.*

Uma experiência dessa natureza pode resultar, para quem adoece, em sentimentos de fracasso e/ou culpa e, em suas últimas consequências, em silêncio e acomodação da pessoa

---

[4] Que, aliás, é diverso, na sua origem, daquilo que se convencionou denominar "fenômeno psicossomático".

dentro do doloroso quadro composto por essa rede de pactos. Mais ainda. A dificuldade – ou o fracasso – no tratamento e na cura dos DORT's são atribuídos, pelos profissionais da área da saúde, à complexidade de fatores envolvidos no diagnóstico em que o fator psicológico, embora invariavelmente citado, resultará na categoria "não/mal compreendido". Via de regra, no cenário dos DORT's, o desencontro é a marca da relação entre o doente e os profissionais da saúde.

O paradigma de um diagnóstico apoiado em dados essencialmente médicos, que poderiam possibilitar a evidência de uma lesão, encontra uma barreira na principal queixa do paciente, vale dizer, a dor. A dificuldade de um diagnóstico inicial adequado envolve, fundamentalmente, a disponibilidade do profissional em considerar procedentes (verdadeiras) as informações que o paciente lhe fornece sobre as particularidades da sua dor. Porque a dor associada aos DORT's, para além da sua manifestação física/fisiológica, apresenta um quadro particularmente subjetivo, que vai tomando forma definida conforme, gradativamente, o paciente concebe, percebe e admite para si mesmo, a sua dor.

> **Maria, cena 5:** [os médicos] *Veem a gente como louco que vive sentindo um monte de sintoma que eles não verificam. Precisa estar com o exame ali, para acreditar. É fácil para eles* [médicos] *dizerem: "Ah! a tua dor é psicológica" sem escutar ou tocar na pessoa. Se tocasse ia ver* [...] *que tem alguma coisa errada ali* [...] *que está complicando.* [...] *Se eu falo o que sinto* [...] *fazem de*

*conta que me ouvem [...] e pensam [...] vamos dar um calmante
vamos dar um antidepressivo [...] que aí vai passar tudo. Como
se tu tivesse mentindo. Ou como só o teu estado emocional fosse
responsável por isso [...] sem nem procurar entender ou escutar.
[...] Entendeu [...] é bem esse o estilo. Para mim, isso que é
enganação. Eles passam a impressão de que somos mulheres
histéricas à beira de um ataque de nervos* [indignada].

A partir de um diagnóstico inicial, ainda sem indicar relação com o trabalho, a autoaceleração da paciente foi sendo esvaziada, mediante prescrição que a amordaçava: relaxante muscular, analgésico, tranquilizante, antidepressivo, bombas de morfina, entre muitas. [...] *fazem de conta que me ouvem [...] e pensam [...] vamos dar um calmante vamos dar um antidepressivo [...] que aí vai passar tudo.* A medicação, sem tratar o sintoma de origem, configura-se como mais uma estratégia defensiva de caráter coletivo, no caso, o corporativismo da classe médica. A medicação (ansiolíticos e antidepressivos), do ponto de vista econômico, ativa os circuitos subjacentes do impulso instintivo, mantendo a clivagem no inconsciente, descrita por Dejours (1988c).

É nesse momento que a pessoa em sofrimento fica duplamente submetida à medicação: primeiro, a fim de suportar o não dito no trabalho; depois, por sua impotência em reivindicar reconhecimento para o seu sofrimento. Afinal, que pacto é esse, em nome do que são construídos?

Os estudos de Calligaris (1991) sobre o totalitarismo, a partir de Arendt (1999), deram àquele psicanalista os fundamentos para a construção da noção de perversão como laço social por excelência.

O conceito de laço social perverso deriva da noção lacaniana de laço. Ao deslocar a noção de perversão do sexual para o social, Calligaris cria uma nova chave de interpretação, tanto para a perversão quanto para o sintoma social, estabelecendo uma ponte entre os pressupostos metodológicos da construção do fantasma da clínica para o social.

Aqui, o risco da banalização do mal está colocado na disponibilidade da pessoa com funcionamento neurótico de se deixar captar pela montagem perversa e pelas exigências do social, que tende a retificar "um Outro" dissolutivo da singularidade do sujeito e do seu desejo. São os signos respaldados pelo imaginário social que põem em funcionamento a montagem cênica perversa.

No cenário contemporâneo, trata-se da captura do sujeito com seu desejo pelos signos e ideais da modernidade, movido por uma paixão não pelo *ter*, mas por *ser* instrumento, confundindo esse sujeito com a própria montagem da qual é personagem inadvertido. Afinal, não é dessa paixão que nos conta Maria? [...] *como não costumo reclamar continuei trabalhando no mesmo ritmo* [...] *trabalhei até o meu corpo entrar em colapso.*

CLÍNICA DO TRABALHO

A *travessia do trágico no espaço analítico*

No contexto analítico, Mezan (1998) descreve os passos para a travessia da tragédia[5]. No primeiro momento, após a quebra ou o descolamento do referencial simbólico identificatório, ocorre a transformação, quando então eclode a angústia, o desespero, o pânico. Depois, é a quebra dos referenciais simbólicos que estão articulados ao desejo em uma determinada posição subjetiva. Acontece uma vivência de que algo se partiu – é a perda dos referenciais simbólicos que sustentavam sua identidade. No momento final, ocorre a consciência, necessariamente dolorosa, da experiência de sofrimento, indicando o último estágio de operação do trágico, levando o sujeito ao pensar reflexivo sobre a sua condição.

Em um ponto determinado do processo analítico, em meio às expressões de sofrimento relatadas, Maria passou a sofrer crises de angústia com características fóbicas frente a situações de contato com pessoas na rua ou em dias de chuva com trovoada. Até que, durante uma sessão, ela conta:

> **Maria, cena 6:** [...] *Entro em pânico, quando chove com trovoada* [...] *eu fico totalmente transtornada. Começo a suar frio* [...] *o coração dispara* [...] *sinto dor no peito. Parece que vou morrer. Ontem vínhamos de carro para casa.* [...] *Aí começou*

---

[5] Passos que Mezan descreve a partir de uma discussão, em sala de aula, sobre um capítulo da tese de Mauro Pergamink Meiches intitulada "Passagens trágicas na clínica psicanalítica". *Escrever a clínica.* São Paulo: Casa do Psicólogo, 1998, cap. 14

a dar relâmpago, vi um raio no céu [...] fiquei num estado [...] comecei a gritar no carro feito uma louca [chora]. Parecia que eu ia morrer. [...] Só de falar fico agoniada. Venho sentindo isso desde que deu aquele treco no banco [...] já faz tanto tempo [...] pensei que ia passar. Também pensei que eu ia melhorar do braço e ficou cada dia pior. Hoje [...] não posso pentear um cabelo [...] escovar os dentes [...] só com escova elétrica [...] até abrir uma porta, dependendo da maçaneta [...] não dá. Escrever nem pensar [...] minha assinatura virou esse rabisco. Não estou saindo de casa porque andar no ônibus [...] fico em pânico [...] só em pensar que alguém possa bater no meu braço sem querer. A dor é insuportável [...] o braço está atrofiado [...] estou com vergonha de usar uma blusa curta [...] as pessoas ficam olhando. Me sinto um ET. [...] Quando dá relâmpago parece que um raio vai me atingir. A corrente elétrica vai atingir meu corpo e me aniquilar. A sensação é de desintegração [...] como se quebrasse tudo [...] me destruísse [...] meu afastamento do trabalho foi um raio com descarga elétrica e tudo. Naquele dia pensei que ia morrer [...] não conseguia pensar em nada. Fiquei quebrada, era como se a minha vida tivesse acabado [...] e acabou mesmo [...] pelo menos a profissional. [...] Desmontada [...] não sei mais quem eu sou. Acho que tenho que ser fênix [...] não existe antidepressivo que dê conta disso.

Segundo Freud (1926), a possibilidade de desestruturação, de ameaça à construção narcísica do eu é desencadeante da angústia. Para Maria, a possibilidade de compartilhar essa vivência descrita como ameaça de aniquilamento e desintegração permitiu a diminuição progressiva dos sintomas associados às fantasias que encobriam (teciam) essa angústia somática. Maria vive o afastamento do trabalho de forma traumática e violenta, *"o corpo entra em colapso"*, seu braço dispara devido a uma descarga elétrica pela compressão dos nervos durante a jornada de trabalho. Vive, de forma desorganizada, uma ruptura dolorosa e angustiante de sua continuidade, de sua história, de sua memória.

O adoecimento por ocasião de seu afastamento evidencia tanto a desintegração psíquica e somática, como a defasagem entre as funções cognitivas, o pensamento associativo (fantasias) e a manifestação corporal. O funcionamento psíquico desestruturado dá lugar à angústia somática massiva[6], até então não representada. Vamos lembrar que, segundo Dejours (1988c), é precisamente na defasagem entre as funções cognitivas e o pensamento associativo que se expressa o processo de subversão libidinal, ou seja, de apoio da pulsão na função fisiológica, revelando nessa cena sua face mortífera.

Em um ponto determinado do processo analítico, em meio às expressões de sofrimento relatadas, Maria passou a sofrer crises de angústia, agora com características fóbicas frente a situações de contato com pessoas na rua ou em dias de chuva com trovoada.

---

[6] A angústia somática, ao contrário da angústia neurótica, não é simbolizada e nem representada. Ocorre um desligamento resultante de um excesso de excitação, dando margem à regressão no funcionamento arcaico tanto biológico como psicológico

A revelação

Uma tragédia desencadeada pelo adoecimento e pela quebra dos referenciais simbólicos que sustentavam (precariamente) seu *habitus*, mantendo seu investimento libidinal apoiado em fantasias vinculadas ao seu modo de relação com o trabalho. O braço, que podia tudo, verdadeira máquina a serviço da produtividade, sucumbira. A organização do trabalho, o banco a "quem" ela amara, entregando seu corpo e sua alma, de "quem" recebera proteção, não mais existia (ou nunca teria existido). Assim, desamparada, ficou Maria submetida à fúria de uma natureza incontrolável que, com seus raios e trovões, acabou se manifestando em seu corpo doente! O nós ao qual pertencera Maria, referência da sua alteridade, não mais existia e agora o Eu sofria eminente ameaça da desintegração.

Maria inicia a sua travessia no momento em que começam a se tornar conscientes os conteúdos associados a sua "paixão por ser instrumento". Maria sonha.

> **Maria, cena 7:** [...] *sonhei com um antigo gerente do banco,* [...] *estava vestido de diabo num "inferninho" conversando comigo. E eu estava conversando com ele e fumando. Cada vez que eu tragava ficava sem ar. E ele me convencendo* [...] *a continuar fumando* [...] *num innffernninho* [voz sibilante] [...] *um desses ambientes demoníacos* [rindo]. *No sonho, eu ffuummavva* [voz sibilante] *mesmo fazendo mal. E ele dizia para eu continuar*

fumando. Não sei. [...] Eu tenho acordado à noite, não consigo dormir. Estou com medo de dormir e ficar sem ar [...] parar de respirar [assustada].

[...] Não é estranho??!! O gerente num inferninho [...] não tinha ninguém da minha família [...] E o vício de fumar?

[...] Nunca tive vício além do cigarro. No trabalho o gerente nem fumava. Ele dizia que não era bom ficar fumando [...] fazia mal para saúde. – [analista: e o vício do trabalho?] – *O vício do trabalho? [...] esse era bom [...] sempre foi legal. [...] Há um boato de que esse gerente pressionou o médico [...] para não me afastar do trabalho.*

[...] Um lugar com chaminé [...] um lugar onde acontecem coisas do mal [...] programas [...] drogas. Eu como garota de programa? No trabalho não fumava muito. – [analista: mas trabalhava muito...]. – *Era uma chaminé* [rindo]. *[...] eu [...] eles não valorizam [...] fui viciada só em trabalho. Mas o trabalho não é considerado vício. A compulsão na droga é demoníaca [...] traz coisa ruim. O trabalho é valorizado, a sociedade exige cada vez mais* – [analista: a compulsão pelo trabalho não foi demoníaca?]. – *[...] Trouxe de ruim a doença. Às vezes eu fico com raiva. O drogado sai ganhando, se divertiu, aprontou uma porção. [...] Eu estou assim porque fiquei trabalhando. Quem se droga sabe que está fazendo mal para a sua saúde. Agora, [...]*

quem trabalha?! O trabalho dignifica o homem. [...] Chaminé de fumaça? [...] só se for de produção. Isso é vício? [...] Eu gostava de trabalhar, me sentia bem. [...] fiquei queimada e não senti o cheiro. Isso não é visto.

[sobre o passado do marido] Os filhos veem isso e valorizam. Hoje ele fala sobre drogas com os filhos. Ele conseguiu fazer de sua experiência algo de bom. Eu [...] [emocionada] é o inferno minha doença, é um inferno [...] mas isso não é igual. Esse sofrimento não é reconhecido. Agora estou melhor, tenho feito coisas: [...] depoimentos na CIPA. [...] As pessoas se interessaram, perguntaram. Eu senti que fiquei melhor. Tenho que fazer algo com isso, me sentir útil novamente. [...] Talvez seja o meu caminho, minha causa. Despertar interesse nas pessoas [...] nem que seja pela doença.

No sonho, Maria vê a si mesma como uma chaminé (imagem moderna de produção), vivendo o trabalho de forma compulsiva e diabólica, estimulada pela gerência (organização do trabalho), tornando-se objeto (garota de programa) de satisfação de um outro que não a reconhece em seu sofrimento (possível adoecimento por tabagismo), nem em sua angústia (falta de ar), pois o outro está ali para defender o capital.

O trabalho, que em princípio teria a função de proporcionar dignidade, passa a exigir alienação, massificando o sujeito, transformando-o em objeto de uso descartável a serviço da produtividade. Ao se posicionar como instrumento, o sujeito confirma sua cumplicidade com os pactos que sustentam a relação com o trabalho, tornando-se vulnerável ao poder de forças impulsivas em seus piores aspectos. Tal como nos vem contando Maria.

Dentre as possibilidades de sentido presentes no sonho de Maria, na sua conversa com o gerente, aparece uma forma de condensação dos pactos presentes em sua relação com o trabalho, relativos ao não dito do trabalho (satisfação pulsional). Esses pactos (do sujeito com a organização do trabalho) compõem a cena perversa no sentido que nossa pesquisa procurou construir desde o seu início.

O rompimento

> **Maria, cena 8:** [...] *Foi a quebra do altar do banco. Eu ainda estou ruim com isso. Não é que eu não visse as coisas erradas, mas falsificar um documento. Realmente quebrou* [...] *quebrou. Não há mais limite para nada.* [chorando]. *Tenho medo que daqui a pouco ninguém mais lembre. Têm coisas aqui que estão documentadas, têm outras que tenho aqui* [apontando para a cabeça] [...] *eu não esqueço.*

Essa cena em especial refere-se a uma série de acontecimentos concomitantes, que resultou, para Maria, na vivência afetiva de uma quebra definitiva da articulação de seus desejos, de suas fantasias, dos referenciais simbólicos, que sustentavam o seu Eu, associados ao seu trabalho como bancária. O primeiro aconteceu durante uma audiência de direito trabalhista, quando os advogados do banco apresentaram como prova um laudo antigo, evidentemente adulterado, no qual constava que Maria poderia voltar ao trabalho em noventa dias, desde que afastada da digitação. Esse ato dos representantes do banco configurou-se como uma cena constrangedora, diante de um juiz que, testemunha ocular da evidente incapacidade física da requerente, só poderia dar como falso o referido laudo.

Maria, por sua vez, sentiu-se ao mesmo tempo traída e envergonhada pela organização a "quem amava", chorando muito. E, também, com muita raiva, porque mesmo diante das evidências, o juiz não lhe concedeu a totalidade dos seus direitos. O segundo acontecimento foi a quebra de um altar de umbanda construído em sua casa pelo marido e destruído por descuido de uma empregada, que provavelmente não podia avaliar o aspecto sagrado das imagens dos orixás.

A terceira ocorrência deu-se após a audiência relatada, quando Maria foi verificar o arquivo pessoal das cópias xerografadas, que registravam a história do seu adoecimento. Ao perceber que a escrita dos laudos e pareceres estavam desvanecendo, se apagando, foi acometida de mais uma forte crise de angústia, seguida de sintomas físicos (tontura e perda de equilíbrio). A sensação de Maria era a de que ela própria fosse se desvanecer ao sair na rua, sensação que veio acompanhada de sintomas fóbicos, impedindo-a de sair de casa. Suas palavras naquela ocasião são claramente reveladoras de uma ruptura

CLÍNICA DO TRABALHO

com os pactos contidos pela organização do trabalho: [...] *foi a quebra do altar do banco.*

Esses acontecimentos motivaram Maria a trazer consigo, para a sessão de análise, a pasta com os documentos, mostrando-os a mim, um a um, convocando-me, assim, a testemunhar o desvanecimento dos papéis. Maria me chamava para compartilhar da sua memória, ameaçada como se sentia de perder a dolorosa história (coletiva) do seu adoecimento. [...] *Tenho medo que daqui a pouco ninguém mais lembre. Têm coisas aqui que estão documentadas, têm outras que tenho aqui* [apontando para a cabeça] [...] *eu não esqueço.*

Como pensar acontecimentos num corpo onde a memória se inscreve? Como dar testemunho a acontecimentos que interrompem o tempo histórico, abrindo fendas no equilíbrio do Eu?

O vínculo analítico pode ser imaginado (representado) como um caminho na busca de compreensão, percebido como processo que propicia uma viagem psíquica caracterizada pelo contínuo regresso do Outro. Maria, enquanto protagonista desse processo, manifesta uma visão ressignificada do seu *habitus* (Elias, 1994), a partir de si mesma e abrangendo uma história (do cotidiano; do corpo; no contrato de casamento, nas relações com os filhos, sobre o seu lugar na família; da função do trabalho; do papel dos profissionais da saúde...) individual e coletiva. É a memória de Maria que é convocada para dar continência a sua vivência corporal, bem como proteção às ameaças de desintegração do Eu.

Parece ter sido esse olhar diferenciado sobre si, por exemplo, que permitiu a Maria enfrentar a insônia crônica, mais as manifestações de ansiedade e angústia provocadas por uma dor constante. Hoje em dia, quando encontra dificuldades para adormecer, Maria costuma ficar em frente às imagens da televisão a cabo, esperando – segundo suas próprias palavras – com a confiança de que o sono chegará, em algum momento.

O enfrentamento

Frente às sucessivas perdas desencadeadas pelo seu adoecimento, no processo da sua trágica travessia durante a análise, Maria acabou escolhendo um caminho que a levou à criação de um outro lugar na relação com as pessoas e com o mundo.

Assim, a busca de novos sentidos e, provavelmente, de reparação para esse adoecimento relacionado ao trabalho, levou Maria, junto a outras pessoas portadoras de DORT's, à fundação de uma Associação. Nesse lugar, ela passou a desenvolver um trabalho (voluntário, de quatro horas semanais) de orientação e conscientização dos trabalhadores em processo de adoecimento. A partir de uma compreensão singular de sua doença, Maria ganhou uma nova posição na coletividade, passando a participar de fóruns, ações e manifestações públicas, relativos aos problemas de saúde de trabalhadores[7].

---

[7] Atividade que Maria manteve por tempo determinado. Isso significa, enquanto esse tipo de trabalho fazia sentido para ela.

O trabalho permaneceu como atividade significativa para a configuração de seu Eu. Sempre acompanhada das muitas limitações consequentes da sua história com os DORT's, cotidianamente atingida pela dor, ainda assim a necessidade de uma ação concreta no mundo tem se revelado, em Maria, uma constante durante o processo de análise. Para a protagonista desta tragédia contemporânea, o vínculo analítico tornou-se o espaço propício para a construção dos sentidos imersos na memória de uma dor indizível.

A *transformação*

Ainda que com limitações físicas de toda ordem, Maria foi desenvolvendo, durante o processo analítico, o desejo de participar de oficinas para o aprendizado da arte da cerâmica, curso realizado em uma olaria. Quando, finalmente, decidiu concretizar o seu desejo, fazendo a sua inscrição na oficina de cerâmica livre, sonhou: a imagem era a de uma casa semelhante à olaria, onde havia uma peça de cerâmica na parede. Às inscrições em relevo nessa peça, Maria não conseguiu atribuir sentido. O sonho ficou em sua lembrança até que, cerca de seis meses depois – durante uma de suas habituais noites de insônia frente à televisão a cabo – uma reportagem chamou a sua atenção. Só, então, Maria contou o seu sonho em uma sessão de análise.

Maria, cena 9: [...] *sonhei com uma bola bem grande de cerâmica com riscos e coisas escritas que eu não entendia. Era bem fina, em baixo-relevo, e estava pendurada no local onde faço aula de cerâmica, uma casa com telhas de cerâmica feita por escravos, tinha as mesas com a argila e tudo* [...] *só que na parede da escola não cabe essa peça. Eu me perguntava como alguém tinha conseguido fazer tão fina e com todos os caracteres e símbolos? E o que significavam?* [...] *Durante as aulas* [de cerâmica] *sempre vinha a imagem dessa peça e eu pensava comigo que um dia eu ia tentar fazer.* [...] *Agora* [após seis meses]*, descobri pela tevê que é possível fazer* [...] *é uma mandala[8] de cerâmica* [...] *e que eu posso fazer* [...] *tem o sentido da vida, de centrar em si mesmo.* [...] *vou fazer uma para mim e outra para te dar de presente* [...] *algo para a minha eternidade* [ri]*. Eu imagino... ela pendurada aqui* (parede do consultório).

No sonho contado por Maria, a mandala de cerâmica, construída com suas mãos, corresponde ao seu Eu sendo reconstruído no espaço analítico do consultório, a partir de um conhecimento originário do seu corpo, do seu inconsciente. [...] *eu posso fazer* [...] *tem o sentido da vida, de centrar em si mesmo.* [...] *vou fazer uma para mim e outra para te dar de presente* [...] *Eu imagino... ela pendurada aqui*. Desta vez, a dor crônica não

---

[8] O relato de Maria sobre a mandala traz significantes muito semelhantes àqueles encontrados em nossa pesquisa bibliográfica sobre o termo. Por exemplo: "[...] a mandala possui uma eficácia dupla: conservar a ordem psíquica, se ela já existe; restabelecê-la, se ela desapareceu. Nesse último caso, exerce uma função estimulante e criadora" (Chevalier & Gheerbrant, 2000, p. 586).

impede Maria de trabalhar, nem de fazer planos de futuro. Desta vez, o trabalho é de natureza tal que evoca a si mesma, sugerindo um incremento de seus investimentos libidinais em favor de outros sentidos para a sua vida – um caminho novo de expressão e descoberta. É o anúncio, em sonho, de uma organização psíquica ressignificada, por ela mesma, antecipada: [...] *algo para a minha eternidade.*

> **Maria, cena 10:** [...] *Eu sinto um prazer enorme em esculpir peças de cerâmica, eu gosto do que faço e as pessoas que veem também gostam de minhas peças... faço bem com acordelado e até minha placa já está melhor [técnicas], a mão e o braço ficam doendo... mas eu sinto que depois fica melhor [...] a argila faz bem... ajuda a tirar a inflamação, até a textura da pele fica melhor...eeeuuuu fico melhor realizando, produzindo algo meu ... agora quero aprender a fazer figura humana, quero esculpir corpos [...] vou encher o sítio de esculturas feitas por mim. Nesse feriadão fiz várias peças, o José construiu um forno para eu queimar a cerâmica como os escravos faziam, com um buraco na terra [...] quero ver se vai dar certo... se der não tem mais nada que me prenda ... é a minha descoberta com a arte*[9].

---

[9] A esta altura da análise, nesta cena específica, Maria repete o pronome *eu* como sujeito (claro ou oculto) da frase por oito vezes. Sem qualquer pretensão de incluir neste trabalho uma "análise do discurso", note-se como o emprego da primeira pessoa, desta vez, manifesta uma relação com o trabalho, com as pessoas e com o mundo – com o outro – completamente diferente daquela que se via acontecer por ocasião da observação feita na nota de rodapé no início deste capítulo.

O esforço de realizar um trabalho na argila é o esforço de trazer à tona o que está por baixo de tudo o que paciente e analista estão conversando durante as sessões. É o que faz a ligação com o mais profundo. Já está plasmado no material concreto do barro, através dos movimentos espontâneos das mãos, o conteúdo que permite à pessoa se conhecer melhor e alcançar uma compreensão maior do momento presente, do que ela vem trazendo para a sessão.

Mais relevante ainda, no caso de Maria, cujas mãos, devido aos DORT's, viram-se extremamente prejudicadas em seus movimentos. Mas, o que ela diz da sua experiência com a argila é, ao mesmo tempo, concreto: está ali, é só olhar! É simbólico. Muitas vezes é difícil olhar, quanto mais compreender. Mas não é necessário ficar claro imediatamente aquilo que foi depositado na argila. O inconsciente deve se encarregar de cumprir o seu trabalho. A elaboração dos conteúdos continua juntamente com o movimento da vida, dos acontecimentos do dia a dia: Maria sabe que dentro de si mesma uma mudança significativa está se processando, modificando-a e que, aos poucos, poderá ser assimilada. Afinal, [...] *com a argila podemos plasmar conteúdos do aqui e agora, do ontem e do que virá* (Cirani, 2000, p. 1).

O espaço analítico e a criação de conhecimento

A escuta do sofrimento de Maria, evidenciando processos intra e intersubjetivos, presentes na relação do sujeito com o trabalho, permite certamente pensar o papel do trabalho nos processos de subjetivação contemporâneos. Maria narra, como experiência, o que Dejours concebeu teoricamente sobre o uso de estratégias coletivas de defesas, mobilizadas na luta contra o sofrimento no trabalho.

Ao enfrentar a angústia precipitada pela quebra dos referenciais simbólicos e das fantasias, que mantinham as defesas do seu (precário) Eu, Maria percebeu-se como instrumento descartável de satisfação de um Outro (organização do trabalho). Encontrou-se imersa em redes de pactos perversos que insistiam na negação do seu sofrimento.

Ao puxar o fio (invisível) dessas redes, Maria desvela a captura e a alienação de si mesma pela dinâmica perversa contida nas relações de trabalho. Com seu jeito peculiar, Maria narra e vive os conteúdos abordados, teórica e genericamente, também por Calligaris. A narrativa de Maria é construída com e sobre experiências psíquicas inscritas no corpo. Sua expressão é a de quem aprende sobre si (experiência pessoal), de um jeito que se traduz em história sociocultural (experiência transpessoal).

Em Maria, a construção de saber é fruto de uma ligação estreita e íntima entre inconsciente e consciência, que acaba por se revelar poderoso instrumento de transformação pessoal. Neste caso, Maria parece ter encontrado uma forma de firmar um compromisso pessoal e ético com suas produções psíquicas: com sua memória, com seus sonhos, com seu sintoma. Para ela, a dor e o adoecimento configuram-se como uma contingência propulsora na direção de um conhecimento. É esse conhecimento que a coloca no lugar do encontro com a capacidade de orientar o seu próprio destino, expressando sua singularidade e ocupando um lugar social, através da palavra viva e da ação vivida[10].

A experiência vivida pela paciente na relação analítica teve a força de repercutir na vida simbólica de ambas, fazendo com que esse processo transcendesse o vínculo analítico, provocando ressonâncias na singularidade de cada uma. Para Maria, a doença trouxe o acesso às riquezas e profundidades da vida simbólica – embora e exatamente por uma dor e sofrimento que deverão acompanhá-la sempre. Quanto a minha ocupação de analista, os questionamentos, as incertezas, os desvelamentos, as cenas todas contidas por esse vínculo, resultaram no salto da palavra viva da análise para a ação vivida no cenário da produção escrita, procedimento inerente à pesquisa acadêmica, agora tornada livro.

---

[10] Pela última vez, remeto o leitor a Hannah Arendt, em *A condição humana*.

Referências Bibliográficas

ABRAHAM, T. Estética da existência e pós-capitalismo. In: JERUSA-LINSKY, A. (Org.). *O valor simbólico do trabalho e o sujeito contemporâneo.* Porto Alegre: Artes e Ofícios, 2000.

ALMEIDA, M. C. Características emocionais determinantes da L.E.R. In: ALMEIDA, M.; CODO, W. (Orgs.) *L.E.R.: diagnóstico, tratamento e prevenção, uma abordagem interdisciplinar.* Petrópolis: Vozes, 1995.

ARENDT, H. (1951) *Origens do totalitarismo.* São Paulo: Companhia das Letras, 1989.

_____. (1963) *Eichmann em Jerusalém*: um relato sobre a banalidade do mal. São Paulo: Companhia das Letras, 1999.

_____. (1958) *A condição humana.* Rio de Janeiro: Forense Universitária, 2000.

_____. *Responsabilidade e julgamento.* São Paulo: Cia. das Letras, 2004.

BERMAN, M. *Tudo que é sólido desmancha no ar*: a aventura da modernidade. São Paulo: Companhia das Letras, 1992.

BION, W. R. (1961) *Experiências com grupo*: fundamentos da psicoterapia de grupo. Rio de Janeiro: Imago, 1975.

BRASIL. Ministério da Previdência Social – MPS/1997. DORT'S. Proposta do INSS para a substituição da MPS/1993. *Normas Técnicas de Avaliação de Incapacidade para Fins de Benefícios Previdenciários.* São Paulo, 1997.

_____. Ministério da Saúde. *Lista de doenças relacionadas ao trabalho.* Portaria n. 1339/GM, de 18/11/1999, 2000.

BOLLAS, C. *Hysteria.* São Paulo: Escuta, 2000.

CALLIGARIS, C. A sedução totalitária. In: ARAGÃO, L.; CALLIGARIS, C.; COSTA, J. F.; SOUZA, O. *Clínica do social:* ensaios. São Paulo: Escuta, 1991.

CARAYON, P. Work organization and work-related musculosketal disorders in the service setor. In: SZNELWAR, L.; ZIDAN, L. (Orgs.). *Trabalho humano com sistemas informatizados no setor de serviços.* São Paulo: Plêiade, 2000.

CHEVALIER, J.; GHEERBRANT, A. *Dicionário de símbolos.* In: Carlos Sussekind (Coord.). Rio de Janeiro: José Olympio, 2000.

CIRANI, R. *Barro na psicoterapia.* Versão digital, 2000. Disponível em: <http:// www.rubedo.psc.br>.

CODO, W.; SAMPAIO, J. (Orgs.) *Sofrimento psíquico nas organizações:* saúde mental e trabalho. Petrópolis: Vozes, 1995.

COSTA, J. F. Psiquiatria burocrática: duas ou três coisas que sei dela. In: ARAGÃO, L.; CALLIGARIS, C.; COSTA, J. F.; SOUZA, O. *Clínica do social:* ensaios. São Paulo: Escuta, 1991.

_____. *O vestígio e a aura:* corpo e consumismo na moral do espetáculo. Rio de Janeiro: Garamond, 2004.

CRUZ, R. M. *Psicodiagnóstico de síndromes dolorosas crônicas relacionadas ao trabalho.* Tese de Doutorado. Santa Catarina: Programa de Pós-Graduação em Engenharia de Produção. Universidade Federal de Santa Catarina, 2001.

CLÍNICA DO TRABALHO   217

_____. Distúrbios musculoesqueléticos, processos de trabalho e cultura organizacional. In: TAMAYO, A. et. al. *Cultura e saúde nas organizações*. Porto Alegre: Artmed, 2004.

DANIELLOU, F. (Coord.) *A ergonomia em busca de seus princípios* – debates epistemológicos. São Paulo: Edgar Blücher, 2004.

DAVEZIES, P. Éléments de psychodynamique du travail. In: *Educação Permanente*, v. 116, n. 3, p. 33-46, 1993.

DEJOURS, C. (1970) *A loucura do trabalho*: estudo de psicopatologia do trabalho. São Paulo: Cortez – Oboré, 1992.

_____. (1988a) Sofrimento e prazer no trabalho: a abordagem pela psicopatologia do trabalho. In: LACMAN, S.; SZENELWAR, L. I. (Orgs.). *Christophe Dejours*: da psicopatologia à psicodinâmica do trabalho. Rio de Janeiro: Fiocruz/Brasília: Paralelo 15, 2004.

_____. (1988b) Uma resposta ao seminário Sofrimento e prazer no trabalho. In: LACMAN, S.; SZENELWAR, L. I. (Orgs.) *Christophe Dejours*: da psicopatologia à psicodinâmica do trabalho. Rio de Janeiro: Fiocruz/Brasília: Paralelo 15, 2004.

_____. *O corpo entre a biologia e a psicanálise*. Porto Alegre: Artes Médicas, 1988c.

_____. (1989) *Repressão e subversão em psicossomática:* pesquisas psicanalíticas sobre o corpo. Rio de Janeiro: Jorge Zahar, 1991.

_____. (1992a) Uma nova visão do sofrimento humano nas organizações. In: CHANLAT, J. (Org.). *O indivíduo na organização*. São Paulo: Atlas.

_____. (1992b) Patologia da comunicação. Situação de trabalho e espaço público: a geração de energia com combustível nuclear. In: LACMAN, S.; SZENELWAR, L. I. (Orgs.) *Christophe Dejours*: da psicopatologia à psicodinâmica do trabalho. Rio de Janeiro: Fiocruz/ Brasília: Paralelo 15, 2004.

_____. (1993a) Addendum. Da psicopatologia à psicodinâmica do trabalho. In: LACMAN, S.; SZENELWAR, L. I. (Orgs.). *Christophe Dejours*: da psicopatologia à psicodinâmica do trabalho. Rio de Janeiro: Fiocruz/Brasília: Paralelo 15, 2004.

_____. (1993b) Para uma clínica da mediação entre psicanálise e política: a psicodinâmica do trabalho. In: LACMAN, S.; SZENELWAR, L. I. (Orgs.). *Christophe Dejours*: da psicopatologia à psicodinâmica do trabalho. Rio de Janeiro: Fiocruz/Brasília: Paralelo 15, 2004.

_____. (1993c) A metodologia em psicodinâmica do trabalho. In: LACMAN, S.; SZENELWAR, L. I. (Orgs.). *Christophe Dejours*: da psicopatologia à psicodinâmica do trabalho. Rio de Janeiro: Fiocruz/ Brasília: Paralelo 15, 2004.

_____. (1993d) Inteligência prática e sabedoria prática: duas dimensões desconhecidas do trabalho real. In: LACMAN, S.; SZENELWAR, L. I. (Orgs.). *Christophe Dejours*: da psicopatologia à psicodinâmica do trabalho. Rio de Janeiro: Fiocruz/Brasília: Paralelo 15, 2004.

_____. (1994a) O trabalho como enigma. In: LACMAN, S.; SZENELWAR, L. I. (Orgs.). *Christophe Dejours*: da psicopatologia à psicodinâmica do trabalho. Rio de Janeiro: Fiocruz/Brasília: Paralelo 15, 2004.

_____. (1994b) Entre sofrimento e a re-apropriação: sentido do trabalho: a abordagem pela psicopatologia do trabalho. In: LACMAN, S.; SZENELWAR, L. I. (Orgs.). *Christophe Dejours*: da psicopatologia à psicodinâmica do trabalho. Rio de Janeiro: Fiocruz/Brasília: Paralelo 15, 2004.

_____. (1995) Análise psicodinâmica das situações de trabalho e sociologia da linguagem. In: LACMAN, S.; SZENELWAR, L. I. (Orgs.). *Christophe Dejours*: da psicopatologia à psicodinâmica do trabalho. Rio de Janeiro: Fiocruz/Brasília: Paralelo 15, 2004.

_____. (1996a) Epistemologia concreta e ergonomia. In: DA-NIELLOU, F. (Org.) *A ergonomia em busca de seus princípios – debates epistemológicos*. São Paulo: Edgar Blücher.

_____. (1996b) Psychologie clinique du travail et tradition compréhensive. In: CLOT, Y. (Org.). *Les histories de la psychologie du travail*. Toulouse: Octares,1996.

_____. *O fator humano*. Rio de Janeiro: Fundação Getúlio Vargas, 1997.

_____. *A banalização da injustiça social*. Rio de Janeiro: Fundação Getúlio Vargas, 1999a.

_____. *Conferências brasileiras*: identidade, reconhecimento e transgressão no trabalho. Fundap: EAESP/FG, 1999b.

_____. Nouvelles formes d'organization du travail et lésions par efforts répétitifs (LER): approche par la psychodynamique du travail. In: SZNELWAR, L.; ZIDAN, L. (Orgs.). *Trabalho humano com sistemas informatizados no setor de serviços*. São Paulo: Plêiade, 2000.

_____. (2001) As relações domésticas: entre amor e dominação. In: LACMAN, S.; SZENELWAR, L. I. (Orgs.) *Christophe Dejours*: da psicopatologia à psicodinâmica do trabalho. Rio de Janeiro: Fiocruz/Brasília: Paralelo 15, 2004.

_____. (2004) Avant–propos para edição brasileira. In: LACMAN, S.; SZENELWAR, L. I. (Orgs.). *Christophe Dejours*: da psicopatologia à psicodinâmica do trabalho. Rio de Janeiro: Fiocruz/Brasília: Paralelo 15, 2004.

_____. Novas formas de servidão e de suicídio. In: MENDES, A. M. (Org.). *Trabalho e saúde: o sujeito entre a emancipação e a servidão*. Curitiba: Juruá Psicologia, 2008.

_____ et al. *Psicodinâmica do trabalho*: contribuições da escola dejouriana à análise da relação de prazer, sofrimento e trabalho. São Paulo: Atlas, 1994.

DUFOUR, D. R. Uma nova condição humana: os extravios do indivíduo--sujeito. In *Le Monde Diplomatique*. Paris, Fevereiro de 2001. Versão italiana: Una nuova condizione umana. gli smarriment dell'individuo--soggetto. *Le Monde Diplomatique / II Manifesto*. Fevereiro de 2001. <http://www.ilmanifesto.it/mondediplo/Lemonde-archivio/febbraio> Tradução de Selvino J. Assmann. Disponível em: <http://www.cfh.ufsc.br/~wfil/dufour.htm.>

ELIAS, N. *A sociedade dos indivíduos*. Rio de Janeiro: Jorge Zahar, 1994.

FERNANDES, M. H. A hipocondria do sonho e o silêncio dos órgãos: o corpo na clínica psicanalítica. *Percurso*, v. 12, n. 23, p. 43-52, 1999.

_____. *Corpo*. São Paulo: Casa do Psicólogo, 2003.

_____. Corpo na anorexia e na bulimia. Versão digital, 2005. <http://www.estadosgerais.org/encontro/IV/PT/trabalhos/Maria_Helena_Fernandes_2.pdf>

_____. Entre a alteridade e a ausência: o corpo em Freud e sua função na escuta do analista. In: CINTRA, E. M. U. (Org.). *O corpo, o eu e o outro em psicanálise*. Goiânia: Dimensão, 2006.

FERRAZ, F. *Perversão*. São Paulo: Casa do Psicólogo, 2000.

FERRAZ, F.; VOLLICH, R. (Orgs.) *Psicossoma*: psicossomática psicanalítica. São Paulo: Casa do Psicólogo, 1997.

FERREIRA, A. B. H. *Novo dicionário Aurélio da língua portuguesa*. Versão Digital 5.0. Curitiba: Positivo, 2004.

FIGUEIREDO, L. C. *Psicanálise*: elementos para a clínica contemporânea. São Paulo: Escuta, 2003.

FOUCAULT, M. *História da sexualidade* 1: a vontade de saber. Rio de Janeiro: Graal, 1982.

FREUD, S. (1893/95) Estudos sobre a histeria. In: *Edição Standard Brasileira das Obras Psicológicas Completas*. Rio de Janeiro: Imago, 1980, v. 2.

_____. (1900a) A interpretação dos sonhos. *Op. Cit.*, v. 4.

_____. (1900b) A interpretação dos sonhos. *Op. Cit.*, v. 5.

_____. (1905a) A psicopatologia da vida cotidiana. *Op. Cit.*, v. 6.

_____. (1905b) Três ensaios sobre a teoria da sexualidade. *Op. Cit.*, v. 7.

_____. (1905c) Os chistes e sua relação com inconsciente. *Op. Cit.*, v. 8.

_____. (1909) Notas sobre um caso de neurose obsessiva. *Op. Cit.*, v. 10.

_____. (1913) Totem e tabu. *Op. Cit.*, v. 13.

_____. (1915a) Os instintos e suas vicissitudes. *Op. Cit.*, v.14.

_____. (1915b) Repressão. *Op. Cit.*, v. 14.

_____. (1915c) O inconsciente. *Op. Cit.*, v. 14.

_____. (1916) Conferências introdutórias sobre psicanálise. *Op. Cit.*, v. 16.

_____. (1920) Além do princípio do prazer. *Op. Cit.*, v. 23.

_____. (1923a) O ego e o id. *Op. Cit.*, v. 19.

_____. (1923b) A organização Genital Infantil. *Op. Cit.*, v. 19.

_____. (1923c) Neurose e psicose. *Op. Cit.*, v. 19.

_____. (1924a) O problema econômico do masoquismo. *Op. Cit.*, v. 19.

_____. (1924b) A perda da realidade na neurose e na psicose. *Op. Cit.*, v. 19.

_____. (1926) Inibições, sintomas e ansiedades. *Op. Cit.*, v. 20.

_____. (1927) Fetichismo. *Op. Cit.*, v. 21.

_____. (1930) Mal-estar na civilização. *Op. Cit.*, v. 21.

GAMA. C. A.; BERLINCK, M. T. Agorofobia, espaço e subjetividade. In: BESSET, V. L. (Org.). *Angústia*. São Paulo: Escuta, 2002.

GARCIA, C. O trabalho, sintoma do homem na Clínica do Social. In: GOULART, I.; SAMPAIO, J. (Orgs.) *Psicologia do trabalho e gestão de recursos humanos: estudos contemporâneos*. São Paulo: Casa do Psicólogo, 1998.

GEREZ-AMBERTÍN, M. *As vozes do supereu*. São Paulo: Cultura/Caxias do Sul: EDUCS, 2003.

GRIMAL, P. *Dicionário de mitologia greco-romana*. Rio de Janeiro: Bertrand do Brasil, 1996.

GUILLEVIC, C. *Psychologie du travail*. Paris: Nathan, 1991.

HIRATA, H. Globalização, trabalho e gênero. In JERUSALINSKY, A. (Org.). *O valor simbólico do trabalho e o sujeito contemporâneo*. Porto Alegre: Artes e Ofícios, 2000.

HIRIGOYEN, M. F. *Mal-estar no trabalho*. Rio de Janeiro: Bertrand Brasil, 2002.

KEHL, M. R. (Org.) *A função fraterna*. Rio de Janeiro: Relume Dumará, 2000.

LACAN, J. (1953) *Escritos*. Rio de Janeiro: Jorge Zahar, 1998.

LACAZ, F. A.; RIBEIRO, H. P. *De que adoecem e morrem os trabalhadores*. São Paulo: DIESAT, 1984.

LAPLANCHE, J.; PONTALIS, J.-B. *Vocabulário da psicanálise*. São Paulo: Martins Fontes, 1967.

LARROSA, J.; SKLIAR, C. Babilônios somos. A modo de apresentação. In: LARROSA, J.; SKLIAR, C. (Orgs.). *Habitantes de Babel*: políticas e poéticas da diferença. Belo Horizonte: Autêntica, 2001.

LAURELL A.; NORIEGA M. *Processo de produção saúde – trabalho*: desgaste operário. São Paulo: Hucitec, 1998.

LAURENT, E. Sete problemas de lógica coletiva na experiência da psicanálise segundo o ensinamento de Lacan. *Opção Lacaniana – Revista Brasileira Internacional de Psicanálise*, v. 26, n. 27, p. 17-33, 2000.

LEMOS, J. C. *Avaliação da carga psíquica nos Distúrbios Osteomusculares Relacionados ao Trabalho em trabalhadores de enfermagem do Hospital Universitário de Santa Maria* — HUSM. Dissertação de Mestrado. Santa Catarina: Programa de Pós-Graduação em Psicologia. Universidade Federal de Santa Catarina, 2001.

LUCIRE, Y. Neurosis in the workplace. *The Medical Journal of Australia*, Kingston, v. 145, n. 6, 1986.

MAGALHÃES, L. V. *A dor da gente*: representações sociais sobre lesões por esforço repetitivo (saber e intervenção médica). Tese de Doutorado. Campinas: Faculdade de Ciências Médicas da Universidade Estadual de Campinas, 1998.

MARTINS, S.; CRUZ, R.; BOTOMÉ, S. A (in) sustentável banalização do ser. *Revista Psicologia: Organizações e Trabalho*, Florianópolis, v. 1, n. 1, p. 173-179, 2001.

_____.; LEMOS, J.; CRUZ, R. *Projeto de Pesquisa e Intervenção Multiprofissional de Atenção à Saúde do Trabalhador no Ambulatório do*

Hospital Universitário da UFSC. Santa Catarina: Laboratório de Psicologia do Trabalho e Ergonomia. Departamento de Psicologia da Universidade Federal de Santa Catarina, 2001.

_____. *A histeria e os DORTs: expressões do sofrimento psíquico de uma época*. Dissertação de Mestrado. Santa Catarina: Programa de Pós--graduação em Psicologia. Universidade Federal de Santa Catarina, 2002.

MARTY, P. *A psicossomática do adulto*. Porto Alegre: Artes Médicas, 1993.

_____. *Mentalização e psicossomática*. São Paulo: Casa do Psicólogo, 1998.

McDOUGALL, J. *Em defesa de uma certa normalidade*: teoria e clínica psicanalítica. Porto Alegre: Artes Médicas, 1983.

_____. (1989) *Teatros do corpo*: o psicossoma em psicanálise. São Paulo: Martins Fontes, 1991.

MENDES, A. M. (1995). Aspectos psicodinâmicos da relação homem--trabalho: as contribuições de C. Dejours. *Psicologia Ciência e Profissão*, v. 1, n. 2/3, 1989.

_____. Comportamento defensivo: uma estratégia para suportar o sofrimento. *Revista de Psicologia*, Fortaleza, v. 13, n. 1/2; v. 14, n. 1/2, 1996.

_____. *Psicodinâmica do trabalho*: teoria, método e pesquisas. São Paulo: Casa do Psicólogo, 2007.

MENDES, A. M. M. et. al. *Trabalho em transição, saúde em risco*. Brasília: Universidade de Brasília, 2002.

_____. Cultura organizacional e prazer-sofrimento no trabalho: uma abordagem psicodinâmica. In: TAMAYO, A. et al. *Cultura e saúde nas organizações*. Porto Alegre: Artmed, 2004.

MENDES, R.; CAPINAM. Beira mar. In: BETHÂNIA, M. *Dentro do mar tem rio* (CD) Biscoito Fino, 2007.

MEZAN, R. *Escrever a clínica*. São Paulo: Casa do Psicólogo, 1998.

_____. *Freud, o pensador da Cultura*. São Paulo: Brasiliense, 1990.

_____. Narrar a clínica. *Revista Percurso*, 26. Versão digital, 2001. Disponível em: <http://www.revistapercurso.com.br>

MILLER, J. A. Teoria do capricho. *Opção Lacaniana. Revista Brasileira Internacional de Psicanálise*, São Paulo, Escola Brasileira de Psicanálise, v. 30, p. 79-86, 2001.

MORAES, F. R. et al. O trabalho e a saúde humana: uma reflexão sobre as abordagens do 'stress' ocupacional e a psicopatologia do trabalho. *Cadernos de Psicologia*, v. 3, n. 4, p. 11-18, 1995.

PEIXOTO Jr., C. A. *Metamorfoses entre o sexual e o social*: uma leitura da teoria psicanalítica sobre a perversão. Rio de Janeiro: Civilização Brasileira, 1999.

PICHON-RIVIÈRE, E. *O processo grupal*. São Paulo: Martins Fontes, 1982.

QUEIROZ, E. F. Considerações sobre o lugar do corpo na organização perversa. *Revista Latinoamericana de Psicopatologia Fundamental*, v. 2, n. 1, p. 116-128, 1999.

QUINET, A. *As 4+1 condições de análise*. Rio de Janeiro: Jorge Zahar, 1991.

ROSA, M. D. Uma escuta psicanalítica das vidas secas. *Textura – Revista de Psicanálise*, v. 2, n. 2, p. 42-46, 2002.

ROZITCHNER, L. *Freud y los limites del individualismo burgues*. Buenos Aires, Argentina: Siglo XXI, 1972.

_____. *Freud e o problema do poder*. São Paulo: Escuta, 1989.

SELLIGMAN–SILVA, E. *Desgaste mental no trabalho dominado*. Rio de Janeiro: UFRJ/São Paulo: Cortez Editora, 1994.

SETTIMI, M. (2000) *Cenário: As LER / DORT no Brasil*. Disponível em: <http://www.uol.com.br/prevler/Artigos/cenário.htm>

TELLEZ, M. A paradoxal comunidade por vir. In: LARROSA, J.; SKLIAR, C. (Orgs.). *Habitantes de Babel*: políticas e poéticas da diferença. Belo Horizonte: Autêntica, 2001.

TRILLAT, E. *História da histeria*. São Paulo: Escuta, 1991.

VILELA, E. Corpos inabitáveis. Errância: filosofia e memória. In: LARROSA, J.; SKLIAR, C. (Orgs.). *Habitantes de Babel*: políticas e poéticas da diferença. Belo Horizonte: Autêntica, 2001.

VOLICH, R. Fundamentos psicanalíticos da clínica psicossomática. In: VOLICH, R., FERRAZ, F. C.; ARANTES, M. A. A. C. (Orgs.). *Psicossoma II*: psicossomática psicanalítica. São Paulo: Casa do Psicólogo, 1998.

WISNER, A. A *inteligência no trabalho*: textos selecionados de ergonomia. São Paulo: Fundacentro, 1994.

WINNICOTT, D. W. *O brincar e a realidade*. Rio de Janeiro: Imago, 1975.

Impresso por:

Gráfica e editora

Tel: (11) 2769-9056